発達障害の子の
子育て相談

2

就学の問題、学校とのつきあい方

恐れず言おう、それは「正当な要求」です！

海津敦子 著

本の種出版
bookseeds

はじめに　——支援が真に支援であるために——

「なぜ、支援でなく試練を与えられるのだろう」。

障害のある子の保護者が嘆いた言葉です。

各自治体で行われている各種の子育て支援は、試練を与えるものでないことはいうまでもありません。ところが、障害のある子への子育て支援は、定型的な発達をしている子の家庭への支援に比較して「産んだ自己責任」を課せられ「試練」を与えられているのかと思うほど、通常の支援に比較して乏しく、取りこぼされているのがまだまだの状況です。

背景にあるのは何か。

子育て支援は、誰もが安心して子どもを生み、地域で安心して子育てができるように、保護者の心理的な不安の解消や経済的負担の軽減等々、多様な支援メニューを整備していくものです。そこで障害のある子と家庭を取りこぼしてはならないし、障害のある子にかかわる障害者施策は、一般の子育て支援を補う後方支援として、子育て支援の理念に基づき組み立てられなければならないものです。しかし、行政は、子どもに「障害のある」と冠がつくと、子どもという視点でなく障害のある大人を小さくした存在として、子育て支援ではなく、障害者家庭への支援という目線のみで考えていきがちです。厚生労働省が作成した「市町村子ども家庭支援指針」の中には、あえて「障害のある子どもは、他の子どもと異なる特別な存在ではなく、他の子どもと同じ子どもであるという視点を欠いてはならないものである」と書き込まれているほどです。

障害のある人の社会生活上必要不可欠な外出、余暇活動等の社会参加のための外出を支援する移動支援事業について、ある自治体は、18歳未満の障害児については、その保護者が子どもの余暇活動等の支援を行うことを基本に、保護者の負担や実情等も考慮したうえで支給量を決定しています。通常、子どもの余暇活動等に保護者が付き添うのは、小学校入学前の時期、せいぜい低学年まではないでしょうか。

ですが、障害のある子となると、子どもの年齢に応じたものではなく、保護者の付き添いをまずありきに組み立てる自治体がおおかたです。さらには、税金だから「お子さんのできないことをすべて税金で補うことはできません」と、産んだ責任のごとく突き放されてしまうことも少なくありません。行政が改善しなくてはならない大きな点です。障害のある子を育てる家庭への子育て支援のこうしたあり様が、子育て支援ではなく試練として感じさせる背景になっています。

教育現場も同じです。障害の有無にかかわらず子どもは子どもであるという視点を欠いていることがあります。たとえば、障害のある子はともに学び育ち合う子どもではなく、特別支援学級、特別支援学校、通級で学ぶべき別ものという思い込みです。障害のある子は、障害のある子でかたまっていたほうが子どものためで、社会参加はできることが増えてから、という思いも透けて見えます。

もちろんこうした思い込みはまちがいです。そうはっきり私がいえるのは、子育て支援同様に法律やガイドラインなどの公的文書に照らしているからです。

時代は確実に変わってきています。10年前には学校現場であたりまえに認められたことも、時代の流れで、学校と社会とのズレとして、すみやかな改善を求められることが多々できています。障害のある子の保護者が感じる、支援ではなく試練を与えられているということも、親の忍耐力のなさでも、わがままでもなく、法律や公的文書が「試練ではなく支援に感じられるように変えてもらっていいんだよ」といっています。

私自身、障害のある子の親として、まわりの仲間たちとともに、法律などを常にベースにして、教育委員会、保育園、学校、学童保育の先生らとともに「理念をどう具体化できるか」の相談をしてきました。

学校から学童保育への移動が保護者の責任になっていたものを、「次世代育成支援法（次世代育成支援対策推進法）」で「すべての子育てと仕事の両立」が謳《うた》われたことを根拠に、保護者の責任にされたら「子育てと仕事の両立はできない」と行政に相談して、障害のある子どもについた学童保育の加配職員が学校から学童保育までの移動を支援する、となりました。学校についても、法律や公的文書があるからこそ、実践されたことも多々あります。

本書は、そうした私と仲間のこれまでの取り組みをもとに執筆しました。障害があってもなくても、学びを深め広げられる毎日、楽しい日々を願っていいはずです。そういう日々をつくり上げるために、公の制度についての知識をベースに、子どもを真ん中において知恵を絞り合ってきた取り組みの成果です。

子どもにとって、その家族にとって、誰にとっても、支援が真に支援であるように、本書が、その実現への参考になれば幸いです。

２０１７年６月

海津敦子

もくじ

発達障害の子の子育て相談②
就学の問題、学校とのつきあい方
―恐れず言おう、それは「正当な要求」です！

先輩、相談です。

就学先を選ぶ

先輩、相談です。

就学してから

発達障害の名称について

本書では、発達障害の名称を次の略称で表しています。

- 自閉スペクトラム症 / 自閉症スペクトラム障害（Autism Spectrum Disorder）→ ASD
- 注意欠如多動症 / 注意欠如多動性障害（Attention-deficit/Hyperactivity Disorder）→ ADHD
- 学習障害（Learning Disabilities）→ LD

先輩、相談です。

障害と子育ての考え方

先輩、相談です。

障害と子育ての考え方

小3 女子

ASD + ADHD

特別支援学級に在籍

1 障害のある子の人生を花開かせるため、親は何ができる? 大切なことは?

知的な遅れや多動がある小3の娘は、同性でありながらも、まったく自分の子ども時代の姿とは異なり、違う生き物を見ているように感じることもあります、この子が人生を花開かせていくために、親として何をしてやればいいのか、大きくとまどっています。何を大切にしていけばいいのでしょうか。

「親と子どもは別人格」と言われ肩の力が抜けた…

わかります、わかります。私も同じように感じていました。でも、そうした思いを先生に伝えたところ、「親と子どもは別人格ですからね」と言われました。続けて「親によっては子どもをまるで自分の分身のように思い違いして、ためらうこともなく、自分がやりたかったこと、やってよかったことを子どもの人生のためにと押しつける人もいますから、むしろ、そのぐらいに思っていたほうがいいですよ」と。肩の力がふっと抜けた瞬間です。

「あなたのため」という枕言葉で、親の思うようにレールを敷いていこうとして

もできない、やれない？　というのは子どもにとって本当は幸せなことかもしれません。子どもは、どんな親であっても親の期待に応えようとしがちです。応えられない自分にへこんで、自信を失って、大人になった人たちも少なからずいますよね。

その子が積み重ねた年月、年齢を尊重して

3歳の娘を保育園へ入園させる際の、園長先生との面談で、忘れられないことがあります。

私は「この子は知的にはまだ1歳ぐらいなので、1歳児クラスに入れていただいてもいいぐらいです」と話したところ、園長先生から「その考えは間違っていますよ」とぴしゃりと叱られました。

「お子さんは3歳であり、3年間の人生経験があるんですよ」「その3年間を尊重せずに、1歳児クラスに所属させればいいという考えは大きな勘違いです。人権侵害ですよ」。所属すべきは年齢どおりの集団である3歳児だと諭されました。そして、「1歳児クラスのお子さんたちと遊びたい子がいれば、園としてはどの子であっても連れていって遊びます。でも、所属はあくまでも3歳という年齢のクラスですよ」と。

目がさめました。私はあやうく子どもの人権を侵害してしまうところだったのです。花開かせていくうえで大切なことがあれば、一つは、どんなに知的な遅れがあ

ったとしても、その子が積み重ねた年月、年齢を尊重した子育てをすることではないでしょうか。

感覚過敏を改善させようとする特訓は「有害無益」

障害のある子には、聴覚、味覚、嗅覚、触覚、視覚などの感覚過敏が見られるケースも多々あります。それは「わがまま」ではないので、そうした感覚過敏を改善させようと「特訓」をすれば、その反動はどこかで出てきます。特訓はおおかたが「有害無益」と専門家は指摘しています。

たとえば、味覚過敏があるのに、偏食は困ったものだ、健康のために何でも食べられるようにならなくてはいけないと特訓をすれば、それは虐待に通じるものです。

「○○であるべき」という価値観にとらわれないで

そもそもが、「○○でなければいけない」「○○であるべき」と考えるのでは、その人生を生きる本人もですが、家族を含むまわりもつらくなります。まして、家族やまわりの大人などが「○○であるべき」という価値観にとらわれると、それがまさに、その子の人生の「障害」そのものになってしまいます。

かつて、アメリカで子育てをしていたときに、障害のある子のセラピストから「何か困っていることはないか」と訊かれたときに、偏食がひどいことを相談しました。すると、セラピストからの答えは意外なものでした。

「すばらしい！　好きなものと嫌いなものを選択できている！」

人生において選択する力は欠かすことができない力、すでに備わっていることはいいことなのだと教えられました。確かに、見方を変えればそうですよね。あなたならどう答えるでしょう。

できないこと・苦手なことへの見方を変えることで

セラピストに、偏食を、好きな食べ物と嫌いな食べ物を選択しているのだとリフレーミングしてもらったときから、偏食が気にならなくなってきました。

障害があるというゆえんは、できないこと・苦手なことが、いつそれがなくなるかわからないし、なくならないかもしれないということです。できないこと・苦手なことをいつもネガティブに評価していたら、されたほうもたまったものではありません。本人の立場に立てばそうですよね。

障害の有無にかかわらず、子どもの人生を花開かせるには、その子のできないこと・苦手なことへの見方を変えること、短所を長所に置き換えてリフレーミングを行う大人の姿勢が求められるのだと思います。

先輩、相談です。

障害と子育ての考え方

小6 男子

ASD

通常学級に在籍

2 人と積極的にかかわらないことを母親が心配していますが…

息子は独り遊びが好きというのか、ほかの子と積極的にかかわったり、人の輪に入ったりということをしません。それで悲しい思いをするわけでもなく、そこそこ必要と思われる人とはつながっていますし、楽しそうにも見えます。私自身も人づきあいは得意ではなく、まあいいと思うのですが、母親である妻は心配なようです。

大事なのはつながる相手の数ではなく…

「1年生になったら、友だち100人できるかな……」という歌が思い出されました。歌にあるように、先生たちは「いっぱい友だちをつくりましょうね」と子どもたちに声かけもするだけに、友だちがたくさんいてお互いにかかわりながら過ごしている姿は安心感が伴うものでもあり、お母さんの心配もわかります。もっと多くの人とつながりをもたせたいと、焦る気持ちもあるのでしょう。

しかし、本当にいっぱいの友だちが必要でしょうか。必要なのはきっと、自分を信頼し、かつ自分が信頼できる人とのつながりの時間だと思います。

人とつながる心地よさを知って、拒まずにいればよし

息子さんはつながりたい人を選び、その人とはつながって過ごし、人とつながる心地よさを知っているように思えます。

人を信頼できずに人とのつながりを拒むということであれば、生きづらさにつながるだけに、そこを解消できるようにすることは重要です。大人でも子どもでも、生きづらさを抱えると負の感情を生みやすいものだからです。

子ども同士でコミュニケーションが図れなくても…

「障害のある子どもが、つながってかかわりがもてるのは大人とだけで」と、心配の相談を受けます。大人はその子の気持ちをくみとってつきあってくれるからいいけれど、子ども同士だとコミュニケーションが図れずに一人になってしまう、将来が心配、という思いはよくわかりますが、いずれは誰もが大人になります。

大人でも子どもでも、基本「人」とつながる心地よさを知っていて、家族以外の人を拒まずにつながっていられる事実があれば、ひとまず安心していいのではないでしょうか。大切なことは、自分を理解し、応援してくれる、一緒に過ごして安心感をもてる家族以外の人との出会い、時間の積み重ねなのだと思います。

そうした意味では、息子さんの人とのつながりは肯定でき、安心していいのではないかと思います。

子ども同士つながれる機会を奪わない配慮も必要

もちろん、大人がかかわりすぎて、実はまわりの子どもとのつながりをもてるのに、大人が壁、つまりは「障害」となり、かかわりが絶たれているケースもあります。子どもたちに「○○くんは、いつも△△先生がそばにいるからいいんだ」と思わせ、本人の気持ちとは別に、まわりの子どもたちのかかわりをもつ気持ちを萎えさせるといったことには、常々注意を払うことが必要です。

そうならないためにも、障害のある子とつながりをもつ大人自身が、その子のまわりの子たちとのつながりもしっかりともち、信頼関係を築き、つなぐことです。

環境づくりも重要

障害の有無にかかわらず人とつながる楽しさを体験し、子どもたちがお互いに同じ仲間だという意識を育める環境を、まわりの大人が、常に意識しているかどうかがいちばん重要なことだと私は考えます。

たとえば、そこにできた人の輪の中に入っていなかったとしても、距離をもってようすを見ながら、自分が入りたいところかどうかをうかがっていることもあるでしょう。そうしたときには、大人がまわりの子との通訳をすることもできるのではないでしょうか。

また、その輪の中にその子が入りたくなるようにするにはどうしたらいいのか、周囲の子どもたちが知恵を絞り、その子にはたらきかけることも、ともに育ち合う中ではとても大切なことです。つながりをもちたいと思える心を育てるには環境も重要です。

先輩、相談です。

障害と子育ての考え方

小6 男子

アスペルガータイプ ASD

通常学級に在籍

3「将来を見通して」って、どうすればいいの?

「将来を見通して」とよく言われますが、想像がつきません。息子は勉強はトップレベルですが、トラブルが絶えません。人との距離がうまくとれず、気に入るとそばで常に話しかけてしまい、学校でも塾でも理解されずに孤立することもあるようです。こうした子が将来自立できるのか、私自身の将来さえも不安でなりません。

将来は今の積み重ね

将来を見通せと言われても……と私もよく考え、迷いました。そうした中、信頼する先生から言われたことを、子どもの将来を考えるときの私の指針にしています。「将来は今の積み重ね。お子さんが『今』を生きる中で、自分以外の人からたっぷりと愛されているという自信をもって、人を信頼する心を培うことが将来に向けてのすべてですよ」と。

愛されているという自信と人を信頼する心を、日々育て、積み重ねていくことが大切、ということなのだと思います。

親だから、身内だからこその難しさ

人は自分の気持ち、行動に寄り添って考えてくれる人が大好きです。もちろん、親もその一人でいたいし、そうなれるように努力すべきと常々思います。ただ、基本はそうであっても暮らしの中では、なかなか思うように子どもの気持ちばかりを肯定してもいられないのが、どの家庭でもあることですよね（苦笑）。

障害のある子にかかわる福祉のプロたちが話されることがあります。「利用者さんが相手なら、何度同じことを繰り返しても、距離感をとるのが難しいときなどでも、言動を肯定的にとらえ笑顔でつきあいつつ、ソーシャルスキルを本人に負担なく教えていくことができる。でも、自分の子どもや身内が相手となったら途端にできなくなり、すぐに怒ってしまったりする。本人の気持ちはわかっていても、とりあえない自分になってしまう」と。

せっかくの親心があだになることも…

こんな話も聞いたことがあります。医師免許をもっていながらも、人とのコミュニケーションがこわくなって、ひきこもっている人の話です。

親から「勉強ぐらいしかできないのだから、もっとがんばれ」と言われ続け、実際がんばってきたその人は、自分の希望を察してもらうことなどなく、親の希望を最優先にした挙げ句、「常々、親にどう見られているか、ひいてはまわりが僕をど

う評価するか、そうしたことばかり考えるようになり、こわくて外に出られなくなってきた」というのです。

社会をよく知る親が、子どものためによかれと思ってする指南・指図。そのとおりに学習や体験をさせて育てるのが将来のため……。そういう親心が、ときとして子どもを追い詰めることがあるのですね。

お子さん自身が満たされる時間をもてるよう

学校や塾でも、お子さんを肯定的にみて、的確な支援・配慮でトラブルを減らす努力をすべきです。そうした要望を、親として改めてしていくことも大切です。が、時間を要するかもしれません。

そこで、学校・塾以外の場所ででも、お子さんが興味関心のある好きなことを深められる場所を探しませんか。そうした時間で自分が満たされていくことの中で、人との距離を学んでいくように思います。そうした「今」の積み重ねがあって、初めて「将来」につながるのではないでしょうか。

今の自分に自信をもち、人を信頼できるように

どんなスキルを身につけても、自分に自信をもてず、周囲や社会を信頼できなければ、そのスキルを使って人とつながろうという気にはなれないのでは。それは誰

にもいえるのだと思います。それだけに、いかに、子ども自身の今の力のままで自信をもたせ、人を信頼し、困ったときに助けてもらう心地よい体験をさせられるかがポイントになります。それが、つまずいたときに気持ちを立て直すための明日への光になるのだと思うのです。

私たちは、大人になってからの日々で何が役に立っているでしょうか。それぞれ、さまざまにあると思いますが、私の場合は、苦手なこと、できないこと、欠点もいっぱいある私を「それでもいいよ」と助けて、支えてくれた人たちがいたことです。私に「ありのままでいいんだ」と自信をつけてくれました。

親自身が、まずは「ありのままの自分」を好きでいること。そんな背中を見せていくことで、お子さんは同じようにありのままの自分を好きになり、まわりとのトラブルを減らすためにどうしたらいいかと、考えていくゆとりをもっていけるように思えます。

先輩、相談です。

障害と子育ての考え方

中2 | 男子

アスペルガータイプ ASD

特別支援学級に在籍

4 思いを込めて抱きしめるのに、最近は拒否の態度で落ち込みます

息子はコミュニケーションがうまくとれず、思うことをそのまま口に出してしまいます。でも、かけがえのないかわいい子どもです。それで一日に一度は抱きしめるのですが、このところ「くそばばあ、気持ち悪い」と言われて落ち込みます。人の思いを受け取れず、ほかでも同じような言葉を発しているのかと思うと心配です。

健全に育っているのでは?

息子さんは健やかに育っていますよ。中学生の男子が母親から抱きしめられるのを拒否しないほうが心配です。息子さんは言葉で伝えることができて自分の感情を伝えられています。とても大切なことです。

むしろ、中学生の子どもとすればあたりまえの言動を、人の思いを受け取れないと心配されているところは、お母さんの子離れが少々課題かなと、そちらが心配なくらいです。

年齢相応の対応があるはずだが、そうなっていない現実

子育てには、障害の有無にかかわらずその子どもの年齢に応じた対応があると思います。ところが、学校教育の現場でも、必ずしもそうはなっていない場面を見かけます。

よく見かける光景の一つは、音楽の授業などで、幼児番組で歌われる歌などを教材にしていることです。特別支援学校や、小学校・中学校の特別支援学級でもまだ見られます。そうしたことはある意味、障害のない子どもたちに対して、障害のある子どもは就学前と同じ扱いをすればいいと刷り込んでいるようなものだと思います。

音楽はさまざまな分野を楽しめるものです。家庭では接することのないような音楽に親しんでいくチャンスがあるのが、本来の音楽の授業のはずです。

重ねてきた時間、年齢を尊重したい

何を伝えたいかというと、社会一般に見られる年齢像との違いがあっても、その子に接するうえで大切なことは、その子が生まれて重ねてきた時間、年齢に応じた対応が大切だということです。その子の年齢を尊重することが、大変重要だと思います。

このことは 1 でも述べましたが、私は、娘の保育園の園長先生に教えられました。

ハグやスキンシップも年齢相応に

たとえば、中学生になった娘が父親に毎晩、抱きしめられていれば、本人はどう思うでしょうか。もちろん、欧米ではハグは挨拶などとして定着しているので、そうした習慣のある家庭であれば違和感はもちえないのかもしれません。けれど、それはあくまでも、パートナーや周囲の人たちにも同じように接してのことです。

夫にも、お疲れさまの気持ちをこめて家族の前でハグをしていますか。そこが肝心です。ひょっとすると「障害のある」ということがあってのことではないでしょうか。

障害のない子どもだったらどうかと、自らを見直したい

私たち障害のある子を育てる親が心がけるべきことは、障害のない子どもだったらどうかな、と、自分の言動を見つめる視点だと思うのです。

たとえば、障害のない子どもなら、中学生を過ぎた頃から、親と出かけたりすることに距離を置く子も少なくありません。高校を卒業すれば、家を出て暮らし、大学や仕事に向かう人も出てきます。にもかかわらず、障害のある子どもを不憫《ふびん》に感じ、まだ早いのではないか、親が楽をするために距離を置いているようにみられるのではないか、との思いから、「障害がある」がゆえに、障害のない子どもではあまり考えられない距離感で接していることがあるようです。

でも、考えてみてください。順番からいえば親が先に逝くのです。障害のない子どもだったらどうか、自分と親はどうだったかも含めて見直し、子どもと向き合っていくことは大切だと思います。

先輩、相談です。

障害と子育ての考え方

5歳　女子

ASD

保育園に在籍

5 合理的配慮って、どういうこと？

来年小学校です。文字はまだ書けません。連絡帳など自分で書いてこれないと思い心配です。そうした中、新しい法律ができたとかで「合理的配慮」という言葉をよく聞くようになったのですが、軽度の子でも重度の子でも線引きなく配慮されるのですか。そもそも、合理的配慮って、どう考えたらいいのでしょうか。

個々に応じた配慮や工夫が合理的配慮

たとえば、赤ちゃんに対する世話を思ってみてください。赤ちゃんが自分の意思を言葉で伝えなくても、どうしてほしいのかを、まわりの誰もが察しようとしますよね。そして、赤ちゃんが気持ちよく過ごせるように、さまざまな配慮や工夫をしていくのはあたりまえのこと。

障害があるというのは、がんばっても「できない」部分があり、困っていて、そのままでは暮らしが成り立たない状況です。でも、障害のある人、一人ひとり「できない」ことに対して配慮や工夫があれば、十二分に暮らしを楽しんでいくことが

できるものですよね。そうした個々に応じた配慮や工夫が合理的配慮です。

障害はその人個人にあるのではなく、社会の側にある、といわれるゆえんです。

障害の重さを問わず、「参加はあたりまえ」を前提になされる

ですから、障害の重さにはまったく関係がありません。その人に必要な配慮や工夫をするようにと公的機関に課し、民間企業等にも努力するように伝えているのが「障害者差別解消法（障害を理由とする差別の解消の推進に関する法律）」です。

ちなみに、お子さんが、特別支援学級や特別支援学校に在籍して通常学級と交流をするにしろ、通常学級に在籍するにしろ、いずれも「参加はあたりまえ」を前提に考え、どうしたら気持ちよく参加できるか、個々に応じた支援や配慮を検討し実践していくのが「合理的配慮」です。

たとえば、文字を書き写すのが苦手なお子さんであれば、iPadで写真を撮って記録とする、視覚より聴覚のほうが優れていれば授業のポイントを録音してもらう、テストは特性に応じて別室で受ける・時間を延長するなどが考えられます。教材も、画一的に同じものを使うのではなく、その子の特性に合わせて工夫・改良することが、法の理念にかなっています。

多方面からの個別のアセスメントが前提

的確な合理的配慮の提供には、その基盤として、多方面から子どもをアセスメント（課題あるいはニーズの事前評価）していく姿勢があってこそで、そうした評価を随時適切に行うことが学校等に求められています。

アセスメントの基本は、子どもが参加できない、授業に集中できない、トラブルになったなどというときに、そこには、教材や課題の設定、声かけなど環境の要因があると考える視点です。そこを客観的に探ることが重要です。どのような状況でその事態が生じたか、そこに主観的な評価や心象は加えずに探っていきます。できるだけ具体的に、時間的な経過なども明らかにして、主語を明確に誰がどのように行動をしたのか、先生の対応も自分たちを正当化したりすることがないように記録する、そしてその事実に基づき、どのように配慮や支援をしていったらいいのかを検討し、その子により合った合理的配慮を届けていくことを先生たちは求められています。

保護者もそうした手順を知っておくことは、大切なことになります。

個別指導計画などを作成する際にも検討

これから保育園や幼稚園、学校などで個別指導計画（17 18参照）等を作成する折には、お子さんにどのような合理的配慮が必要か書き込んでいくことになりますので、お子さんが家庭でどのような支援をすると暮らしを楽しめているか、どんなときに困るか、それをどう支援等しているか、家庭のようすを伝えるのが重要になっていきます。学校等で的確な合理的配慮を受けて困ることなく楽しく過ごせるためにも必要なことです。

ただし、家庭と、学校など集団の中ではまた違いがあるので、家庭でうまくいくことが、逆に学校でよかったことが、必ずしももう一方の場所で的確な支援になるとも言い切れませんが、それでも情報を共有することがスタートで、多様な視点で場に応じた支援を考えていくことが大切です。

先輩、相談です。

障害と子育ての考え方

4歳	男子
ASD	
保育園に在籍	

6 療育には必ず通わせないとだめでしょうか

子どもはASD（自閉スペクトラム症）がある4歳です。集団生活になじみきれず、保育園からは療育などに通わせるのが親の務めだといわれているのですが、療育に通わせないとだめでしょうか。そもそも療育って何でしょうか。

障害のある子の特性に応じた指導を行うのが療育

療育とは、障害のある子に応じたかかわりを基盤に、障害があってもその子らしく自信をもって成長していくためのより丁寧なかかわり・指導のことをさします。専門的な知識技術によって、その子のもつ能力や可能性を引き出し、日常生活がスムーズに送れるよう支援します。

「児童福祉法」に基づく児童福祉サービスのうちの障害児通所支援の一つで、法的には「児童発達支援」といいます（左表参照）。このサービスは、児童発達支援センター（療育センター）、児童発達支援事業所などで利用することができます。

療育は保育園でもなされるべきもの

つまり療育は、保育園や幼稚園、学校以外の機関に通って受けるサービスですが、療育の管轄元である厚生労働省は「子どもの身近なところでの療育」を掲げ、児童発達支援センター等が「保育所等訪問支援」（下表参照）を行い、保育園や幼稚園でも療育が実践されるように求めています。なので、実際にお子さんが在園

[障害児通所支援の種類と内容]

名称	対象	サービスの内容
児童発達支援、医療型児童発達支援	「学校教育法」に規定する学校に就学していない18歳未満の障害児 ※中学校卒業後高校に在学していなければ対象 ※手帳の有無は問わない ※医療型は肢体不自由児	日常生活における基本的動作の指導、知識技能の付与、集団生活への適応訓練 ※医療型は加えて医療
放課後等デイサービス	就学している18歳未満の障害児	放課後または学校休業日において、生活能力向上のために必要な訓練、社会との交流の促進、余暇活動の提供など
保育所等訪問支援	保育所や子どもが集団生活を営む施設（幼稚園、認定こども園、小学校、特別支援学校など）に通う障害児	児童指導員・保育士等の担当者が2週に1回程度施設を訪問し、集団生活適応のための専門的な支援その他を行う ※障害児本人への支援とスタッフに対する支援がある

されている保育園で療育ができないから、療育に通うようにというのは、少々、園の理解が足りていない面があると思います。

小集団で専門的に行われる

保育園・幼稚園、学校との大きな違いは、療育は小集団で行われることです。音が苦手な子や予定外のことに弱い子など、障害のある子だけに特化しているだけに、個々に応じた指導・かかわり、さらには環境整備が保育園・幼稚園、学校よりもなされている面はあり、また、その子のペースで過ごす時間、その子に合わせたはたらきかけが担保しやすいということはいえるでしょう。

また、療育では、必要に応じて個々に言語聴覚療法や作業療法、理学療法などが専門家によって実施されます。対して学校現場では、言語聴覚士（スピーチセラピスト）等の巡回指導はありますが、先生たちへの指導にとどまっていることが多いのが現状です。

個別の小集団での指導などが必要なら検討を

お子さんがどのようなタイプかです。個別の小集団での指導やスピーチセラピーなど専門的指導が必要であれば、療育という選択肢を検討されるのは有益だといえます。

療育に通ったことで子どもが自信を深めた、親は子どもを理解し適切なかかわりをもてるようになった、といったことも見聞きします。また、不適切なかかわりによる二次障害を防ぐことも指摘されています。

障害の有無にかかわらずともに生きることの大切さ

ただし、障害のある子を集めた小集団の指導だけあればいいというものではありません。障害があっても楽しく人生を過ごしていくには、その子ども（人）ができることを増やすだけが大切なのではありません。どのような支援・配慮があれば楽しく人生を過ごしていかれるか、そうした実践を間近に見て育ち、知っている人の存在を欠かすことができません。そうした人たちがまわりにどれほど存在するかが、実は大きく作用します。

地域社会の中に、子どもの頃からあたりまえに、障害のある子と遊び、学び、さまざまな体験を共有し積み重ねてきた人たちがいることが重要です。障害の有無にかかわらずともに過ごす時間があることも、意識しての療育が重要だと思います。

先輩、相談です。

障害と子育ての考え方

5歳 男子
ASD
幼稚園に在籍

7 障害者手帳を取得すべきかどうかで悩んでいます

知的な遅れは軽度なのですが、まわりの子とコミュニケーションがとりづらく、幼稚園以外に療育機関に通っています。障害者手帳をもつ子もいるのですが、うちも手帳を取得すべきかどうか悩んでいます。手帳をとってしまうと、就学先は特別支援学級や特別支援学校に限定されていってしまうのではないかと心配です。

障害の種別によって取得できる手帳が異なる

障害者手帳にはいくつかの種類があります。身体上の障害のある人が対象の身体障害者手帳、精神上の障害のある人が対象の精神障害者保健福祉手帳、そして知的障害のある人が対象の療育手帳です。療育手帳は、東京都では「愛の手帳」、埼玉県では「みどりの手帳」とよぶなど、名称はさまざまです。

このうち、発達障害のある人が取得できるのは、精神障害者保健福祉手帳か療育手帳です。療育手帳は、知的障害の程度によって取得できることがあります。いずれも、都道府県知事または指定都市市長が交付しています。

手帳取得でさまざまなメリットが

障害者手帳をとるとさまざまなメリットはあります。たとえば、交通機関で無料乗車券が発行されたり、介助者の運賃が割引になったり。手帳の等級によって税の軽減がなされ、世帯の所得によっては手当もつきます。

また、動物園や遊園地等の割引が受けられることもあります。ディズニーランドでは、手帳を提示して手続きをすると、アトラクション利用の際に列に並ばずに待ち時間を過ごすこともできます。

著者は子どもが3歳のときに愛の手帳を取得しましたが、手帳を保持して困ったことはありません。むしろ助かっていますが、けっして邪魔

[発達障害の人が取得できる障害者手帳]

名称	対象	等級	交付の基準など
精神障害者保健福祉手帳	精神障害者（発達障害者を含む）	重いほうから1～3級	精神障害の状態が長期にわたり日常生活または社会生活への制約がある
療育手帳 ※名称は自治体によって異なる	知的障害があると判定された人 ※18歳未満は児童相談所、18歳以上は知的障害者更生相談所が判定	重度（A） それ以外（B） ※より細かく区分する自治体も	A： ① IQがおおむね35以下で、日常生活の介助が必要または問題行動あり ② IQがおおむね50以下で、盲・ろうあ、肢体不自由等がある

にはなっていません。

使いたいときに使えばいい

手帳は、水戸黄門の葵《あおい》のご紋と一緒で、所有者が使いたいときに使用すればいいだけです。あくまでも障害者手帳取得は個人情報の一種です。行政であっても障害者手帳について手帳の有無や内容を誰かに伝えることはできません。

たとえば、就学相談では、書類に手帳の有無を問う欄があるケースが多いのですが、記入はあくまで任意なので、書きたくなければ書く必要もありません。「相談の資料として必要ですので書いてください」と言われても、断って何の問題もありません。

そもそもが、手帳の取得も利用も申請性です。とることも使うことも個々に任されています。特別支援学級も特別支援学校も、障害者手帳がなければ入れないというものでありません。また、障害者手帳をもっているから通常学級を選択できないということもありません。

就職にあたっては手帳の有無で扱いが異なる

ただし、障害者雇用率（コラム参照）を満たすことが求められている企業側は、特別な配慮や支援を要するのであれば「手帳をもっていてほしい。もっている人を雇用したい」とはっきりと言います。

また、ハローワークなどで就職支援に携わる人たちからは、「障害者手帳があれば就職が決まる人がいるのに、手帳がないために、障害者枠ではなかなか内定が取れない」「仕事をしても結局のところ支援を受けるにいたらず、離職率が高くなってしまう」と心配する声を聞きます。

支援・配慮を必要とするなら取得しては

将来にわたり、お子さんが特別な支援・配慮を必要とするかどうかはわかりません。けれども、今、親御さんの感覚や印象ではなく、家庭以外での幼稚園での生活や療育機関で、お子さんには支援・配慮があったほうがより自信をもって日々を過ごしていけると判断しているようであれば、私は療育手帳をとっておくのもいい選択だと思います。

わずかのメリットかもしれませんが、交通機関などで使うなどして便宜を享受するのもいいですし、将来的に必要がなくなれば返却すればいいだけです。さらには、手帳を取得しても使わないという日常も選択できます。

コラム

障害者雇用率

従業員50人以上の事業主に義務づけられている、一定率以上の障害者を雇用しなければいけないというその率のこと。「障害者雇用促進法（障害者の雇用の促進等に関する法律）」に基づくもので、この制度を法定雇用率制度といいます。

規定の率は、一般の民間企業が2％、国や地方公共団体が2・3％です。民間企業の場合、従業員100人なら2人の障害者を雇う必要があるということで、雇用率を守れない場合は納付金を納めることになります。また、雇用率を守って障害者を雇用している企業へは調整金や報奨金といった助成金が支払われます。

障害者雇用率の対象となる障害者は、身体障害者と知的障害者ですが、精神障害者も実雇用率算定にあたり障害者数に算入することができます。また、２０１８（平成30）年からは精神障害者についても雇用義務となります。発達障害者で精神障害者保健福祉手帳を取得した場合、対象となります。

先輩、相談です。

就学先を選ぶ

先輩、相談です。

就学先を選ぶ

4歳 | 女子
ASD
保育園に在籍

8 就学相談って、受けなくちゃいけないの？

保育園では介助員をつけてもらいながら過ごす年中の娘がいます。地元の障害児の親の会で、就学相談を受けたことのある親御さんたちの体験談を聞いたのですが、教育委員会に傷つけられに行くような感じがして、就学相談を受けにいく気力がわきません。就学相談は受けなくてはいけないものでしょうか。

受けても受けなくても大丈夫

就学相談は、必ず受けなくてはいけないものではありません。受けても受けなくても大丈夫です。ただし、受けないでいると、行政窓口から「お子さんのよりよい教育のために一緒に考えていきましょう」というしつこい誘いがあることが往々にしてありますが、断っても問題にはなりません。

本来は就学後の支援・配慮に役立つはずのもの

保護者が就学相談を、傷つけられるような場と感じていることは、本来あっては

ならないことですが、現状では、そう感じる人がいるのも事実です。保護者が子育てに描く希望を、あたかも折るように、究極の選択を迫る場合も少なくありません。ただ、それは残念な姿であり、本来の役割に目を向けておく必要もあります。

就学相談は、その過程で発達検査や行動観察などを行います。専門的な見地から、就学先としてどこが適切と思われるかの提案だけでなく、その子が就学後にどのような支援・配慮を必要とするかの具体的な提言を行います。どのような就学先を選ぶにしろ、子どもの就学後の支援・配慮に役立つこともあるのです。

通常学級を望むならあえて受ける必要はない…

文部科学省は、市町村教育委員会に対して、科学的・医学的等の知見から障害の把握や支援・配慮等を記した「教育支援資料」を示しています（コラム参照）。この「第2編　教育相談・就業先決定のモデルプロセス」には、「本人・保護者に対し十分な情報提供をしつつ、本人・保護者の意見を最大限尊重し、本人・保護者と市町村教育委員会、学校等が教育的ニーズと必要な支援について合意形成を行うことを原則とし、最終的には市町村教育委員会が、行政上の役割として就学先を決定することとなる」と書かれています。

すなわち、保護者の意見は最大限尊重されるわけで、仮に通常学級への就学を望むのであれば、あえて就学相談を受ける必要はありません。

先輩、相談です。

特別支援学級、特別支援学校を望むなら受ける

しかし、特別支援学級や特別支援学校への就学を選択肢として考えているのであれば、「特別支援学級や特別支援学校での学びを選択してもいいですよ」というお墨付き、つまり選択できるという「認定」を受けることは必要になります。

特別支援学級、特別支援学校は通常学級よりも学級規模ははるかに小さく、担任教師あたりの子どもの数も少ないことから、通常学級に比較して手厚いといえます。「うちの子をしっかりと見てもらいたい」「塾なみに個別学習ができる」などの期待から、特別な支援・配慮を要さないと思われる場合でも希望する保護者もなくはありません。そうしたことから、特別支援学級、特別支援学校を就学先に選んでもいいという認定を受けられる「権利」を得るのが、就学相談です。

合理的配慮の必要性を認定してもらう機会に

また、先ほど述べたことと重なりますが、就学相談は合理的配慮の必要性を認定するプロセスでもあります。いかなる就学先を選んでも合理的配慮を求めていく根拠にできる資料を作成するのが就学相談でもありますので、それを得るために活用するという考え方もできます。ただし、その「権利」を使うかどうかは、保護者の意向次第です。

コラム

文部科学省「教育支援資料」

「障害者権利条約（障害者の権利に関する条約）」の批准（2014〈平成26〉年1月）と発効（同年2月）を受け、各種の法整備、現場での改革が進められてきましたが、その一環として、特別支援教育のあり方等についての議論も進められ、障害のある児童生徒等の就学先決定のしくみに関する「学校教育法施行令」も改正されました。

この改正に伴い、文部科学省が従来の「就学指導資料」に代わる就学手続き業務を行う際の参考として2013（平成25）年に示したのが「教育支援資料」です。この文書の本文は「序論」「第1編　学校教育法施行令の一部を改正する政令の解説」「第2編　教育相談・就学先決定のモデルプロセス」「第3編　障害の状態等に応じた教育的対応」からなります。

その内容は文部科学省のホームページ（p72コラム参照）で確かめることができますので、就学相談などの際の参考にするといいでしょう。

先輩、相談です。

就学先を選ぶ

5歳 男子

ADHD

幼稚園に在籍

9 就学相談と就学時健診、両方受ける必要があるの？

就学時健診のお知らせが届きました。でもうちの子は、夏に就学相談を受けて「特別支援学級が適切」との回答を得ています。親としても特別支援学級がいいと思っているのですが、就学時健診をあえて受ける必要があるのでしょうか。簡単な検査でもほかの子と並んでできるような子ではないし、大いに悩みます。

就学時健診を受けるのは義務ではない

就学時健診（就学時健康診断）をすることは各教育委員会に義務として求められています。が、その就学時健診を受けるかどうかは、保護者に委ねられており、義務ではありません。

まして、すでに就学相談を受けているのであれば、教育委員会にその旨を伝えれば、「就学時健診は受けられなくていいですよ」と、すんなり言われることがほとんどです。

就学相談を受けた事実は伝える

就学時健診は、特別な支援・配慮が必要な子を就学前に把握するという意味合いも強いという事実が背景にあるだけに、就学相談を受けているのであれば、教育委員会としては「必要はない」と判断します。ただし、就学相談を受けたことを伝えていないと、なぜ受けさせないのか、知られたくない事情があるのか、というように虐待等への懸念ももたれかねません。ひと言、就学相談をしたことを伝えることをお勧めします。

就学時健診も受けるという選択もあり

就学相談をしていても、加えて就学時健診を受けるという選択をする家庭もあります。理由としては、保育園・幼稚園で一緒だった子どもたちがあたりまえに受ける就学時健診の場にいて、一緒の学校へ入学することを伝えたいということなどからです。

いずれにしても、考え方次第です。

就学相談による情報を就学先に伝えたくない場合…

なお、就学相談をしたことで、障害の程度がどうか、どのような支援・配慮が必要か等々の資料ができますが、その情報を就学先に伝えてもいいかどうかの確認が、

教育委員会よりなされます。なぜなら、あくまでも個人情報であるからです。
そこで、その資料に納得がいかないという場合、就学先にその情報を伝えないでほしいという選択もできます。

就学時健診も就学相談もしたくない場合…

「就学時健診も就学相談もしたくない」という思いをもたれる家庭も当然あるかと思います。どちらも保護者の義務として課せられていることではないので、そうした選択もありです。

けれど、繰り返しになりますが、虐待などの懸念をもたれかねないので、それを防ぐ手は打っておきたいところです。たとえば、保育園・幼稚園で保育・教育を受けていることを伝え、そこでの支援・配慮を、入学する小学校へ引き継いでもらえれば十分であること、文部科学省も掲げる「幼保小の一貫した支援」という観点からも期待している、といったことを言い添えるといいでしょう。

コラム

願う子育てを実現できる春に

「就学先を決める時期は心痛のとき」。特別な支援を要する子の保護者たちの切実な声です。障害のある子だけの中での育ちか、通常学級で個別な学びをあきらめるのか、究極の選択を迫るのが就学相談の現状といえるのです。

でも、それは本来の就学相談の役割ではありません。就学相談は、通常学級を選択すれば教材の工夫等の合理的配慮を行うとともに通級による指導を活用する、特別支援学級や特別支援学校を選択したら積極的な交流および共同学習で通常学級の一員として過ごせる合理的配慮を行う、といった具体的提案を保護者・学校に示し、専門性をもって調整するのが務めです。なぜなら、国はインクルーシブ教育システムの構築を掲げ、障害のある子が通常学級で学ぶことを重視してます。

保護者は、こうした根拠をもとに「究極の選択はしたくない」と自らのニーズを伝えていきましょう。そうすることで、就学の春は、願う子育てを実現できる春に近づきます。

先輩、相談です。

就学先を選ぶ

5歳 | 男子
ASD
幼稚園に在籍

10 子どもの就学先選び、何を基準に考えればいいの？

うちの息子は「特別支援学校が適切」と教育委員会からは勧められています。でも、地元の幼稚園で育ってきていて、息子だけ学区の小学校から離れ、スクールバスで50分もかかる特別支援学校へ行くことが本当に子どものためになるのか、迷っています。子どもの就学先選びは、何を基準に考えればいいのでしょうか。

どんな子育てをしたいかが大事

本当に迷うものです。そもそも、子どもが生まれてくるとわかったときに思い描く就学時のイメージは、あえて国立や私立の学校を選択する以外は地域の学校への入学であり、障害があって地域の学校から離れることを思い描く人は少ないと思います。それだけに障害のある子を育てる中で、学校選びは大きなとまどいが伴うのは当然のことですよね。

就学先は何を基準に考えればいいか。それは、どんな子育てをしたいか、だと私は思っています。

子育てで大事にしたいことをリストアップしてみよう

どんなことでもいいので、子育てで大事にしたいことをリストアップしてみませんか。たとえば、

・子育てと仕事の両立は基本
・地域の中で見知ってもらいながら育てたい
・子どもに合った学びをさせたい
・笑顔で毎日過ごさせたい
・きょうだいとともに学ばせたい

さまざまなことがあると思います。最後の項目でいえば、逆に、きょうだいとは別がいいと考えることもあるかもしれませんね。まずはそうしたベースをもつことが大切だと考えます。

実現に向けて緒条件を検討する

大事にしたいことが明らかになったら、その実現に向けてどんなことが必要か、阻む条件は何か、といった検討をしてみます。

子育てと仕事の両立のためには、親が送迎をする必要があるかどうか、という視点も欠かせません。必要であるなら、あまり遠方では難しいでしょう。その子どもだけでなく、ほかの家族のこともありますので、日々の暮らしを思い描くことも大

切です。地域によっては、学校から学童保育への移動についても保護者の努力を課してくるところもあります。ただし、保護者の負担軽減に多少は移動支援等を活用することもできますので、手立ては考えていくことはできます。

地域の中で見知ってもらいながら育てたい……ということは、学区の学校への入学がいちばん考えられることだと思います。学区の学校に特別支援学級が設置されていないケースだと、子どもの学びはどうなるのだろう、といった心配も出てきますが、特別支援学級設置を要望していくことも無理なことではないと同時に、通常学級で合理的配慮のもとで過ごすことも選択肢になります。あくまでも、どのような就学をするかは保護者・本人の意向を最大限尊重するように国は各自治体に求めていますので。

現実問題として知っておきたいこと

子どもに合った学びというのは、正直なところ、どの種類の学校・学級を選んだとしても、先生との関係性に大きく影響されるのが現状です。今年はよかったけれど、来年になって先生が変われば「?」というところです。これは障害の有無にかかわらずいえることですが、障害のない子であれば塾などで学びを補うことがたやすいのに対し、障害のある子についてはまだまだ放課後に補うことの難しさがあります。そういった現状を認識しておくことも、心構えとして必要かもしれません。

特別支援学校や特別支援学級がすべて、個々に応じた学習保障をできているかというと、必ずしもそうはいえない現実もあります。どの子に焦点を当てているのか、わからない授業も散見されます。

また、障害があって通常学級を選択した場合、安全確保のためとの名目で、保護者に付き添うことを求めてくる学校もあります。これは、基本的に断っていい要求です。安全の確保は学校の責任で行うことであり、教育委員会が就学通知を出し、学校への入学が認められている以上、保護者が付き添わなければならないことなど基本的にありません(11参照)。まして、保護者が子どものそばにいて子どもをいつも見ていることが、子どもの育ちにとって好ましいか……。となれば、おのずと答えは決まっています。保護者が子どものそばについての学校生活が子どもにとっていいかと訊かれたら、多くの先生は、「ノー」と答えます。

重要なことは、どういう選択をしても、個々の子どもの学びが保障されることです。そのために個別指導計画などのツールが用意されています(17 18参照)。教育の現場でそれらが十分に機能しているかどうか、見極めていくことも必要になるでしょう。

先輩、相談です。

就学先を選ぶ

5歳　男子

ASD

保育園に在籍

11 学校への送迎は家庭の役割？

息子は知的発達の遅れがあり就学相談で特別支援学級への入学を勧められました。でも、学区内にはなく、徒歩で40分、バスでも25分はかかります。共働きで保育園に通う子どももいて、保育園と遠方の学校までの送迎は現実的ではありません。相談しても、「移動支援を使うなり、家庭で工夫を」とのアドバイスのみです……。

障害は環境によってもたらされる

相談の親御さんは、続けて「息子が障害をもたずに生まれてくれれば、こんな苦労はないのに……と、気持ちが沈んでしまいます」と述べています。そう思われるのは至極もっともですね。

障害は、その人がもって生まれた特性にあるのではなく、人を含めた「周囲の環境」によってもたらされるものです。その環境に適切なサービスがあれば、障害は障害でなくなる、といってもいいかと思います。

「障害をもたずに生まれてくれれば」という悲嘆は、サービスの不備ゆえに生じ

るのです。

就学相談は保護者の伴走者たりえているか

文科省は、就学相談のあり方として、教育という視点だけでなく、広く「子育て」という観点から保護者の伴走者であることを求めています。

にもかかわらず、「お宅のお子さんには特別支援学級がいいですよ」と勧める一方で「通学については家庭でがんばってくださいね」と突き放す就学相談は、相談として不完全です。が、こうした就学相談がまだまだ各地で繰り広げられているのが実態で、なんとも残念なことです。

支援を要望していこう

ですが、あきらめる必要はありません。国は「子育て」という観点に基づく相談業務を求めているのですから、子育てを支援してもらえるよう、要望していきましょう。たとえば、お子さんの場合は、移動支援を使って通学できるように、その必要性を教育委員会から担当課に伝え、実施してもらうよう、要望することをお勧めします。

移動支援は各自治体の裁量で行われるものであり、その中では、子育てと仕事の両立はすべての家庭を取りこぼすことなく行う視点が必要とされます。ましてや、

就学相談が勧める特別支援学級が学区内の学校に設置されていないのは家庭のせいではなく、自治体の都合なのです。ぜひ、声をあげてみてください。

入学後の学童保育等についても相談を

入学後に利用したい学童保育についても、今からご心配のことでしょう。学校から学童保育室への移動がどうなっているか、受け入れ態勢はどうかといったことも確認し、併せて相談するのがいいと思います。

放課後は、放課後等デイサービス（p31参照）という、障害のある子たちが過ごす場所で過ごすという選択肢もありますので、そうした情報を提供してほしいというお願いもしてみるといいでしょう。

縦割り行政の弊害にめげずに…

行政機関によっては、「それは障害福祉課に行ってください。所管ではないのでわかりません」ということを言われることもあると思います。まさに縦割り行政の弊害です。めげずに、へこたれずに、根気よく要望していきましょう。

一箇所、ワンストップで必要な情報を得られる、なおかつ手続きもできるようにするというのは、各自治体が住民ファーストに考えると最優先にしていかなくてはならないことです。まして、就学相談では、学区外の学校に入学することも十分に考えられることからすると、学校までの登下校、学童保育等の情報は用意しておくべきものです。用意がないようであれば、「就学相談の一環として提供してください」と要望してみてください。

コラム

移動支援事業所とのつきあい

移動支援は「障害者総合支援法（障害者の日常生活及び社会生活を総合的に支援するための法律）」に基づき、市町村が実施する地域生活支援事業の一つ。外出や余暇活動の支援をしてくれます。移動支援事業所で支援員不足が課題となっている地域もあり必ずしも思うように使えるとはまだいえませんが、需要があれば支援員を確保する方向にもなります。子どもの自宅以外の生活を充実するために活用したいものです。

移動支援は成人しても活用できるものであり、むしろ子どもの頃からなじみの移動支援事業所をもち、どのような支援があるとより充実した時間を過ごせるのか、知ってもらいつつ育っていくことも、地域で安心して暮らすには大切です。

先輩、相談です。

就学先を選ぶ

5歳 女子

ASD

保育園に在籍

12 学校見学では何を見ておけばいいの？

「あの先生がいたからこの学校にしたのに、異動で移ってしまった」「避けたい先生がいて学校を決めたのに、まさかの転勤でその先生が来た！」と、障害のあるお子さんの親御さんから聞きます。知的な遅れは軽度なASDの娘の就学先を決めるのに、学校見学をしたいと思うのですが、何を見てくればいいのでしょうか。

特別支援教育の理念が理解されているか

相談にもあるように、そもそも、公立の学校の先生には転勤（異動）があります。「あの先生がいるから」という理由で就学先を選ぶのはあまり勧められません。もちろん、移ってきたばかりの先生であれば、1、2年はまだいるということもあるでしょうが、2、3年過ぎた先はわかりません。

では、何をチェックすればいいか……。まずは、特別支援教育の推進が学校経営のプランに盛り込まれているか、という点を確認しましょう。

国は「障害者権利条約（障害者の権利に関する条約）」を批准し（2014〈平

成26〉年）、共生社会の形成に向け「インクルーシブ教育システム」を掲げています。それらの理念の実現に向け、柱となるのが特別支援教育です。特別支援教育は、子ども一人ひとり、その子のできること・好きなことをベースにその子のよさを伸ばし、その子の苦手なこと・できないことは支援や配慮で補って、障害の有無で分けるのではなく、すべての子どもがともに成長できることをめざすものでもあります。

なぜなら、街の中は障害の有無で分かれていません。障害のあることを理解した人づくりが、親が先に逝っても、障害のあるわが子を安心して残していかれることにつながるからです。そのことを理解し、学校の方針、学校経営計画に掲げている学校であるかどうかをチェックするのは重要だと思います。

教育委員会の姿勢はどうか

そうした方針を表立って掲げている学校ばかりではありません。けれど、国が求めていることですので、教育委員会に確認することはできます。つまり、国の方針・理念に沿った教育を学校に求めているかどうか、確認するのです。

この確認は重要です。なぜなら、理念を掲げた以上は具体化しなければなりません。できていなければ、実現に向けて教育委員会が指導していくという後ろ盾ができます。このことは、校長等の管理職や、担任の考え方、つまりは個人に大きく左右されないために、保護者が知っておくべきことです。

一人ひとりが伸びやかに過ごせているか、学習保障がなされているか

実際に学校に足を運ぶと、さまざまな違いが見えます。障害の有無にかかわらず一人ひとりが伸びやかに過ごせているかどうかは、とても大切な視点です。学校公開などの機会に、時間が許せば各学年を見ることを勧めます。

障害があると思われる子どもへの支援・配慮がなされているか見るのも一つです。できることに着目してできることがよりできるように経験を積めているか、障害の改善や克服に力を注ぎすぎていないかといった点も観察しましょう。

さらには、個々の学習保障がなされているかどうかは大切な視点です。特別支援学級等の自立活動は個々のつまずきをふまえているか、その子の得意な好きな学科の力を伸ばす指導が、特性に合わせた支援・手立てで行われているかも重要です。

一方、ただ背筋が伸びているかどうかや、座る姿勢、挨拶の仕方など、表面的なことばかりに重きを置いて指導している学校は、個人的にお勧めできません。威圧的な指導態度の先生がいる学校は、そうした指導を許す校長や同僚の存在を示しており、そういう目線でのチェックも必要かと思います。

入ってから改善を求めていくという考え方も

ただし、多くを求めては、条件に合致する学校が見つからないという事態もあり得ます。あれもだめ、これもだめ、とだめ出しするより、現実的な妥協点を見つけていきましょう。

障害のない子どもであれば、学区が決まっていて選択の余地はないというのが普通です。学年ごとに、いわば先生の「あたりはずれ」があるということは珍しいことでありません。公立である以上、さまざまな先生がいます。子どもは（そして保護者は）、そうした環境を受け入れ、ときに「はずれ」であれば、学校に改善を求めていくことはもちろんのこと、改善されるまでの時間、学校以外の場で、たとえば学童保育や習い事などで、子どもが伸びやかに過ごし、まわりの大人や仲間への信頼を育んでいくという選択肢をもっていく柔軟な対応も重要になります。

それは、障害があっても同じです。学校は子どもたちの暮らしの中心になるところで、子どもにとって楽しい場となるよう、教育委員会、教師はもちろんのこと設置者である首長も含め、かかわる大人全員が最善を尽くすべきですが、学校現場はそうそううまくはいかないこともまだあります。それだけに、学校以外にその子が安心できる居場所をもち、学校の先生以外の大人とつながる機会は大事です。

何をいいたいかというと、たとえば、地域の子どもたちの中で育てたい……という思いをまずは第一優先にしたいのであれば、その先は、学校に入ったうえで、合理的配慮を求めながら考えていく、うまくいかなければ、そのときにまた考えるということもあっていいのだと思います。

先輩、相談です。

就学先を選ぶ

6歳 / 女子 / ASD / 幼稚園に在籍

13 校長次第で方針が変わるって本当？どうしたらいいの？

障害のある子の学校だけでなく、学校というものは、リーダーである校長先生によって大きく変わっていくと聞きますが、本当でしょうか。校長先生次第で方針が変わるなら、こわくて就学先を決めることができません。どうしたらいいのでしょうか。

校長次第で変わるのは事実…

ご相談のとおり、校長次第というのは否めません。でも、安心してください。というのは何ですが、必ずしも悪い方向に変わることばかりではありません。むしろ、よくなることもあります。

ただ、現実的には、この学校なら、この校長先生のもとでなら……と、就学先をそこに決めたいことはあると思いますが、入学後に校長先生が替わってしまう可能性もあるということを、考えておくのも重要です。

重要なのは指導の継続

ただし、就学前から小学校、小学校から中学校、中学校から高校……といった移行期の中でも一貫した支援・配慮をすることを国は求めています。つまり、校長が替わっても、それまで有効だった支援・配慮は継続していかなければならない、やらなくてはならないことです。なおかつ、国は、「支援の対象となる子供と保護者が、必要な支援の継続性を確保するとともに、従前の支援の評価と見直しにより、より良い支援を求めることができるように」（文部科学省「教育支援資料　序論」2013）ということも求めています。そうした国が求めている根拠をもって主張していくことで、校長が替わっても変わらぬ支援・配慮を受けることは可能です。ともかく、子どもにとって継続してほしい指導、配慮を、校長が替わろうが担任が替わろうが引き継いでいってもらうことが必要であり、そのためにいくつかのツールが用意されています。具体的には、就学支援シートや個別教育支援計画、個別指導計画です（コラム、16 17 18参照）。

担任の先生と相談して見直していく

そのようなツールを利用して、子どもに届く指導、支援・配慮は継続を希望し、そうでないものは、先生と相談して常々、見直していくことです。目標設定も子どもの今に無理がないか、できることをよりできるように伸ばす計画になっているか、

障害があるということで子どもの知的発達を低く見て、本来なら学習できることを「教えていない」ということになっていないか。……さまざまな視点から話をしていくことです。保護者のわがままでお願いすることではなく、国が求めていることなので、自信をもって要求してください。

魅力を感じたところは継続のアピールを

その学校の現状で好ましいと思えるところについては（たとえば、学校見学の折に魅力を感じたことなどがあれば）、ぜひ校長に伝えてください。そのうえで「○○は、子どもにとってとても重要で、ぜひ、こちらの学校に入学させたいと思うのですが、仮に校長先生が替わられたら『できなく』なることはあるのでしょうか」と率直に尋ねてみることも大事です。

変わらないとの返事であれば、それをしっかりと個別指導計画に書き込んでもらっておくことです。もし、変わることもあるかもしれないという返事なら、教育委員会にアピールしましょう。「とても残念なのですが、本当に無理なのでしょうか」と尋ねることです。親にとって魅力あることは、おおかたは文部科学省が求めていることに合致すると考えられます。個別指導計画に加えていける可能性は高くなりますし、「引き継いでもらいたい」という意向が、教育委員会から次期の校長に対して伝えられ、応援になるはずです。

コラム

個別指導計画

特別な支援・配慮が必要な子ども一人ひとりのニーズに応じた指導目標・内容・方法等を示した計画のことで、「個別の指導計画」ともいいます。特別支援学校、小中学校等で作成することになっており、計画を活用して指導を行います。

一定の様式はなく、子どもの実態を把握のうえ、指導目標（長期、短期、学期ごとなど）と手立て（支援のヒント）、評価、次期に向けての課題などを盛り込むのが一般的です。教科学習については年間指導計画と単元ごとの指導計画の両方が作成されたり、学習に必要な能力を調べた各種検査結果も書き込める様式が用いられたりします。いずれにしても、「いつ」「どこで」「どのようにして」が、具体的に記載されることが大切です。たとえば「声かけをする」ではなく、個々に応じた声かけの言葉や留意点が書き込まれているべきです。

保護者・子どものニーズをもとに、作成後も学期ごとなどに見直すものなので、適時に要望を伝えていくことが重要です。

先輩、相談です。

就学先を選ぶ

5歳 男子

アスペルガータイプASD

保育園に在籍

14 「お子さんのため」と言われるたびに悩ましい…

就学相談で繰り返し、「お子さんのためを考えて」と言われました。相談員の口からそう言われるたびに、「障害を受け止めきれていない」「もっと受け止めて考えてください」と言われているような気がします。わが子のことですから、もちろんいちばんに考えています。が、その思いを否定されるようで悩ましくなります。

相談員側の意向と違う場合に使われる

「お子さんのため……」という言葉、私もいつも疑問に感じます。障害のない子どものことというか、就学相談を受けない子どもの保護者に対しては、まず就学のことで教育委員会が内心思っていても、そういう言葉を口にすることはないといっても過言ではありません。

さまざまな事例を見てきて思うのは、ほとんどは、その言葉は教育委員会が考える方針と「違う」ことを保護者が望む場合に出てくるということです。自分たちの意向どおりの選択を保護者にしてもらうためには、そうした言葉が有効だと考えて

いるかのようです。

「お子さんのためを考えてください」は、ある意味、「就学相談で時間をかけ考えた私たちの思いを受け止めてください」という、相談員からのメッセージだと理解しています。

障害のある子とない子を分けていたい本心が見え隠れ…

もちろん、就学相談を申請してきた子どもの将来について真剣に考えた結果を伝えてくれているという点は、疑いようがありません。ただし、保護者側の正直な印象をいえば、そこに隔たりを感じてしまうのです。障害の有無で完全に分けて、障害がある子は、ある一定のことが「できるようになってから」通常の学級の子どもたちと一緒になるのが、いじめに遭わない、子どもの自立を促す等々といった論理をベースに検討されている印象であるのは、まだまだ否めません。

就学相談は、保護者の希望を可能な限り尊重するように国は求めていますので、本来であれば、保護者の希望、子育てのニーズを尊重すれば、「お子さんのために」という言葉が出るはずがないのですが。

悩みを経て、基本の願いに立ち返ろう

そうした言葉を使われたとき、保護者はどう考えればいいのか、深く悩むところ

です。考えれば考えるほど、自分が選択しようとしていることが間違っているのではないか、子どもの将来のためによくないのではないか、自立を阻むことになるのではないか……。さまざまに思い悩むことと思います。

私は、そうした中で大事にすべきことは、基本に返ることだと思うのです。どんな基本か、それは、子どもをどのように育てたいと願っているかです。

地域の子どもたちとの間に壁をつくることなく、地域の子どもとして育てたいと思うのであれば、それを大切にするといいと思います。

いやむしろ、個人の特性に合わせた、より専門性の高い教育を受けさせたいと思うのであれば、それもまた伝えればいいのです。

保護者が信じる選択を

「お子さんのためを考えてみてください」と繰り返し言われ、でも、結果として、保護者が暖めてきた要望で就学先を決めたからこその成長を感じ、よかったと話す人も大勢います。また、保護者の希望に沿って就学先を決め、そこでの時間があったからこそ、さらに成長ができたと実感をもちながらも、学年が上がってからは違う選択をし直す人もいます。

子育てのいちばんの責任は保護者にあります。それは法律でも定められていることです。なので、自分が信じる選択をするのが最善だと思います。選択した先で、お子さんが気持ちよく過ごすための知恵を、学校のみならず、福祉、医療ともつながって築いていければいいことです。

就学相談、その本来の役割とは…

社会の宝である子どもは、社会で育てるものです。

「親御さんの子育ての願いのもと、お子さんの個性や特性に応じ、どのような言葉かけをすると理解し安心して学べるのか、苦手なこと、できないことは、どのような支援や配慮があれば学校生活を楽しく送れるのか、困りごとを減らしていくために、お子さんを真ん中にすえて、保護者とともにチームになっていきますよ。そのための就学相談です」

と言うべきなのが、本来の就学相談の役割です。

先輩、相談です。

就学先を選ぶ

4歳	男子
ASD + ADHD	
幼稚園に在籍	

15 誰にとっても「わが子がいちばん」。なのにうちの子の居場所はない…

トラブルのたびに「お子さんがいちばんかわいいのはわかりますが、誰にとってもわが子はいちばんで、お子さん一人にかかわっていられないのです」と言われてきました。まるで、幼稚園はうちの子のいるべき場所ではないと言われているようです。今後も言われるかと思うと、どのような学校を選べばいいのか悩みます。

どの子どもにもかかわるのが教師の仕事

相談の親御さんと同じように、担任から「お子さん一人にかかわっていられません」と言われる保護者が跡を断たない現状があります。しかし、そもそも「お子さん一人に……」と発言すること自体が間違いです。お子さんも含め、どの子どもにもかかわるのが教師本来の仕事です。一人ひとりに丁寧にかかわってこそ、仕事をしているといえるのです。

先生の思いからすると、「手のかかるお子さんが一人いると、ほかの子にかかわる時間が奪われる」ということなのでしょうが、それは人手の問題です。保護者に

言うべきことではありません。園内で対応すべきことです。まして、ＡＳＤ（自閉スペクトラム症）のある子どもにきちんと届く声かけなどの環境整備が足りないことで、トラブルが生じることもあります。まず園として、どのようにトラブルを回避あるいは軽減する保育ができるか、支援や配慮を考え実行し、そして、評価したうえでさらに実践していくべきなのです。

残念ながら、そういう発想をもつ先生はいる…

ただし、相談の親御さんが感じているように「できればここから去ってくれれば」という発想をもつ先生もいないではないのが残念なことです。それは幼稚園や保育園に限らず、学校にもいます。正直なところ、そうした先生はどの学校を選んでもいる可能性は否めません。通常学級に入学すれば、「お子さんだけにかかわっていられません。お子さんのためには特別支援学級へ……」と言われることもあります。また、特別支援学級では「お子さんのためには特別支援学校へ……」と言ってくる学校も、まだまだあるのが現実です。

そうしたことを切り出されたときには、保護者が毅然と「人手の問題であるなら、それは教育委員会と相談してください」と、校長なりに向けて、いっていくことが必要です。

送らせたい学校生活が実現できるよう

では、どのような学校を選択すべきか。それは、どのような学校生活をお子さんに送らせたいかによります。これまでのお友だち関係の中、地域で育てたいと考えるのであれば、そのことを最優先にすればいいと思います。特別支援学級や特別支援学校を選択するのであれば、国が「障害者基本法」や「学習指導要領」で示しているように、通常学級と積極的な交流をするよう求めていくことも可能です。

たとえば、朝は通常学級に登校、朝の会が終わったら「行ってきます」と特別支援学級へ、教科の個別指導を受け、体育や音楽、図工などは基本通常学級に参加し、給食、掃除は「ただいま」と通常学級でともに行い、帰りの会も通常学級でということもできます。できないとしたら、それは個々に応じた「積極的な交流の否定」になりますから、教育委員会を交え話をすることをお勧めします。

理念の実現に向けて、かけあっていく

いずれにしても、さまざまな先生方がいます。強いリーダーシップをもって誰も排除しない学校づくり、学級づくりをできる校長がいれば心強いことです。教育委員会は校長がそうした人材であることを当然、望んでいますので、国が進める理念を保護者自身も理解して、あきらめることなく、どのような学校生活を望むのかかけあっていくことが、お子さんにより楽しい学校生活を届けるうえで重要なことです。

コラム

「障害者基本法」に定められた「教育」

第16条　①国及び地方公共団体は、障害者が、その年齢及び能力に応じ、かつ、その特性を踏まえた十分な教育が受けられるようにするため、可能な限り障害者である児童及び生徒が障害者でない児童及び生徒と共に教育を受けられるよう配慮しつつ、教育の内容及び方法の改善及び充実を図る等必要な施策を講じなければならない。

②（省略*）前項の目的を達成するため、障害者である児童及び生徒並びにその保護者に対し十分な情報の提供を行うとともに、可能な限りその意向を尊重しなければならない。

③（省略*）障害者である児童及び生徒と障害者でない児童及び生徒との交流及び共同学習を積極的に進めることによつて、その相互理解を促進しなければならない。

④（省略*）障害者の教育に関し、調査及び研究並びに人材の確保及び資質の向上、適切な教材等の提供、学校施設の整備その他の環境の整備を促進しなければならない。

*省略語句は、いずれも「国及び地方公共団体は、」

コラム

情報を得るのに役立つサイト

障害の有無にかかわらずすべての子どもが、学校を含めた地域社会での日常にどうしたら楽しく居心地よく参加できるか、家族支援をどのように充実させてもらうか、学校をはじめ関係機関に相談していくうえで、国が示していることは、強い後ろ盾になります。そこで、教育に関する国の施策を知るために活用したいサイトを紹介します。サイト内での検索をスムーズにするためのキーワードも併せて紹介。

- 文部科学省ホームページ
  http://www.mext.go.jp
  〈検索キーワード〉
  ・特別支援教育について
  ・特別支援教育の推進について
  ・特別支援教育　交流及び共同学習ガイド
  ・放課後等デイサービスについて
  ・発達障害を含む障害のある幼児児童生徒に対する教育支援体制整備ガイドライン～発達障害等の可能性の段階から，教育的ニーズに気付き，支え，つなぐために～
  ・文部科学省所管事業分野における障害を理由とする差別の解消の推進に関する対応指針の策定について

- 国立特別支援教育総合研究所
  インクルーシブ教育システム構築支援データベース
  http://inclusive.nise.go.jp

先輩、相談です。

就学してから

先輩、相談です。

就学してから

小1　男子

ASD

通常学級に在籍

16 担任が障害のことをよく知らず、就学支援シートも生かされていません

息子はASDです。目が合わないことを「お子さんは目を見て話すことができませんね」と担任に言われ、こんな担任で大丈夫？　と心配です。それに、以前「園から小学校へ、支援継続を実現したいから就学支援シートを書いて」と教育委員会に言われ、喜んで書いたのですが、小学校へ入ったらまったく生かされていません。

理想と現実、そして就学支援シートの意義とは？

通常学級にも障害のある子が在籍している現状からすれば、本来であれば、すべての先生が基礎知識として障害のことを知っていてほしいものです。あるいは、たとえ障害を知らなくても、子ども一人ひとりを観察し、その子に応じた指導を心がけて実践する先生であれば、実は子どもにとって居心地よく楽しい勉強や学校生活を送らせることができるものです。

しかし、現実ではそうした先生ばかりではないので、就学支援シートがあるのです。支援の必要な子どもが、入学した日から不安なく先生と信頼関係を構築できる

ようにと考え出されたものです。また、支援や配慮、指導の継続を保障しようとするのが、就学支援シートです。

そもそも就学支援シートの目的は…

就学支援シートは、就学前（保育園・幼稚園・認定こども園、療育機関）から小学校へ、小学校から中学校、中学校から高校などへと移行するときでも、子ども自身のよさや可能性に気づき、意欲と自信をもって学校での日々を過ごすことができるように支えるための支援・配慮を引き継ぐためのものです。

就学支援シートは、多くの自治体で導入されています。が、現実には、送り手が書いたものを受け手が生かせるような作りにはなっていません。多くの自治体が準備する「就学支援シート」はおおざっぱすぎて、もらった情報を授業に落とし込むには時間を要してしまい、結局のところ、就学支援シートを読んではいても授業等の適切な指導や配慮に「生かされていない」という結果で、保護者にすると「本当に読んでくれたのだろうか」と疑心暗鬼の種になるということが多々あります。

個別指導計画へとつながることが大事

そこで、私は相談を受けると、アドバイスを一つすることにしています。それは、入学先の先生が「個別指導計画にすぐに落とし込める」ように、送り手の先生に添

付資料を書いてもらうということです。特に配慮や支援をどのようにしたらいいか、をしっかりと書き込んでもらうことです。

幼稚園・保育園からの添付資料にはこんなことを

添付資料には、幼稚園や保育園等で「教えていること」を書くのではありません。その子が今、どのような発達段階にいる子どもで、安心して遊びきれるようにどのように支援・配慮しているかを書いてもらいます。

園では、支援を要する子ども一人ひとりの発達過程や状況を十分にふまえて、指導計画を立てなくてはなりません。たとえば算数の授業に通じる数や量、図形、時間等のことを一人ひとりがどの段階にいるのか知って指導計画を作り、必要があればその子に応じた個別指導計画を作成して支援や配慮を行っています。

たとえば「幼稚園教育要領解説」で小学校の算数に関連する内容を拾うと、「数量や図形についての知識だけを単に教えるのではなく、生活の中で幼児が必要感を感じて数えたり、量を比べたり、様々な形を組み合わせて遊んだり、積み木やボールなどの様々な立体に触れたりするなど、多様な経験を積み重ねながら数量や図形などに関心をもつようにすることが大切である」と書かれています。また「保育所保育指針解説書」には、「概念を把握する基礎は幼児期に形成されます。保育士等は、図形や数量だけでなく、前後、左右、遠近などの位置の違いや時刻等について、毎日の生活の中で次第に関心を持つことができるよう、環境構成に配慮していくことが求められます」と書かれています。

つまり、学校の授業につながる指導が、幼稚園・保育園等で具体的に行われているのです。算数に限らず、国語、音楽、体育等についても引き継げることがあります。これらの「子どもの育ち」を支えるための情報を、小学校に引き継がないのは、実にもったいないことです。授業にすぐに落とし込めるように、送り出す側の情報の出し方を工夫すれば、小学校の先生たちが授業に生かしていくことができます。

丁寧な情報の引き継ぎが子どもの日々の安心をつくる

「こんなことまで、園の先生に書いてもらったら大変では？」と遠慮することはありません。指導計画は、個々の実態を把握したうえで作ることを求められており、当然、園の中には、お子さんに関してどのように支援・配慮をしたらいいか個別指導計画が存在するはずで、シンプルにいえば、それを書き写すだけのことです。

初めての学校で不安を抱く中、先生が自分の苦手なことやできないことには手を貸してくれ、自分の好きなことや得意なことも知って、今の自分を認めてくれるスタートこそが、子どもが先生に信頼を抱いていく基盤となります。その基盤のもと、クラスに自分の居場所があることを確信し、安心と充実感をもって学校での日々を過ごせます。そのためには、大人たちの丁寧な情報の引き継ぎが必要なのです。

コラム

就学支援シート添付資料のポイント

個々に対する支援・配慮、指導の工夫を引き継ぎ、保障していくために用意される就学支援シート。上手に活用してもらいたいものですね。そのために、就学前の幼稚園・保育園等からの添付資料をつけるといいと述べましたが、ここではそのポイントをまとめておきましょう。

・子どもが好きなこと、得意なことも書いてもらう

・できていない、苦手なことは、必ず支援・配慮などの手立てが実施されているはずなので、具体的に明記してもらう

・親として支援・配慮について追記することがある場合には、どの部分に対してか、別に書いて提出する

・小学校から中学校等へ進む場合であれば、各教科・行事等の課題、手立てやテスト時の配慮なども書き込んだ三学期の「個別指導計画」を添付するといい。また、学習に使用していた教材プリントなどあれば同時に添付する

手立て（支援・配慮）

[就学支援シート添付資料の例]

	状況	手立て（支援・配慮）
日常生活のスキル ●登園や朝の会・帰りの会 ●朝や帰りの支度 ●整理整頓 ●食事 ●排泄 ●衣服の着脱 ●健康 ●安全 ●その他		
集団生活・人とのかかわり ●報告・要求・拒否・援助依頼 ●指示理解 ●見通し ●その他		
「国語」に通じる分野として ●話す ●聞く ●読む ●書く		
「算数」に通じる分野として ●数 ●量・大小 ●時間 ●図形・金銭		

（右段に続く）

	状況
「生活科」に通じる分野として ●自分と身近な人たちへの関心 ●動物や植物など自然への関心 ●その他	
「音楽」に通じる分野として ●歌唱 ●器楽	
「図工」に通じる分野として ●描く ●作る	
「体育」に通じる分野として ●走る・跳ぶ ●ボール運動・リズム運動等 ●ゲーム	
行事 ●運動会 ●発表会 ●式等 ●その他	

就学してから

先輩、相談です。

就学してから

小2 | 女子

ASD

特別支援学級に在籍

17 特別支援教育って、かけ声だけ？ 個々に応じた支援のしくみがあるの？

子どもに応じた指導、支援・配慮を受けられるのが理想ですが、それだけの専門性をもっている先生に出会えない日々です。どうしたら子どもに合った指導等を受けることができるのか、非常に悩んでいます。特別支援教育というのはかけ声だけなんでしょうか。それなりのしくみとか、あるのですか。

教師ならではの専門性を期待したい親心

子どもに合った指導、支援・配慮が受けられないのは、学校生活を楽しく送れるかどうかにもかかわってくることだけに、悩みは深いものがありますよね。

ちなみに、保護者はもともと専門性を備えて障害のある子を授かったわけではありません。子育てをしていくうち、子どもとの日々の中で、この子は「これが好きなんだ」「これは苦手なんだ」とさまざま気づきながら、試行錯誤で支援・配慮を考え、行ってきていると思います。それだけに、先生には、親たちレベルでできることではない、専門性を求めたくなります。

教師の専門性は、教育理念や子どもの成長発達についての知識を土台にしつつ、目の前の子どもを思う気持ちによって発揮されるのだと思います。個々を見つめて、その子の好きなこと、興味関心のあるもの、苦手なこと、できないことに気づき、好きなことや興味関心のあることは生かし、苦手やできないことには適切な（過不足のない）支援・配慮を考えていくのが専門性だと思っています。

特別支援教育のツールを知っておこう

個々の先生の力量はもちろん大事なのですが、特別支援教育には、そうした専門性の弱い先生の助けともなるツールが用意されています。おもなものとして、個々の子どもについて作成される「個別の教育支援計画」と「個別の指導計画」があります。

【個別の教育支援計画】学校だけでなく外部の医療・福祉・労働等の関係機関による指導・支援も含めて策定される計画です。子ども本人・保護者の希望・ニーズをふまえ、長期的な視点に立って乳幼児から就労までの一貫した支援・配慮を行うため保護者も参画してケース会議を開くツールです。希望・ニーズは、当然ながら子どものライフステージに応じて変化していきます。変化に応じて適時適切な支援・配慮へと加筆・修正されていきます。「個別教育支援計画」ともよびます。

【個別の指導計画】「個別教育支援計画」を学校での支援・配慮の具体的な計画に

落とし込んだものが、「個別の指導計画（個別指導計画）」です。これにおいても「一貫した」「途切れることのない」支援・配慮が視点として重要です。「個別指導計画」の作成手順等については、18で改めて詳しく述べます。

そしてまた、就学前の機関等から小学校、あるいは小学校から中学校へと、支援・配慮を引き継ぐためのツールが、16で紹介した就学支援シートです。

子どもたちの日々に大きく影響するのは…

個別教育支援計画も重要ではあります。が、子どもたちの日々に大きく影響するのは、個別指導計画であるというのが、実情です。個別指導計画のほうが、場面に即し、具体的な実践につながるからです。

個別指導計画が作成されていなければ、作成を要望してください。仮に、個別指導計画が作成されてはいるけれど、的確な指導、支援・配慮にいたっていないということであれば、個別指導計画の見直しを求めてください。

子どもの実態把握、先生同士、保護者との連携が促進される

意外なことですが、学校によっては周囲とつながり学級経営をしていく文化が育まれていないことから、周囲とつながっていくのが苦手な先生もいます。そういう場合にも有効なのが、個別指導計画の作成です。文部科学省は、学習指導要領で、

個別指導計画の作成にあたり「個々の児童（生徒）の実態を的確に把握」することを求めています。つまりは、「実態の的確な把握」には、先生同士で協力して多様な目による検討が不可欠になり、個別指導計画を作成していく過程を通して、専門性がまだついていない先生を支援する一助にもなっていきます。

さらには、個別指導計画の作成は、保護者や本人のニーズを聞き取りながら、各教科、学校生活の場面ごとに、ねらいや課題を書き込み、そこに応じた支援や配慮を書き込んでいくものなので、先生同士の共通認識や連携が促進されるだけでなく、先生と保護者との連携にも役立ちます。子どもを真ん中にすえて、その子にとってよりよい学校生活のためのとなる指導、支援・配慮について、「適切な計画」という同じ目的をもって話ができるチャンスになります。

[個別の指導計画・個別の教育支援計画を作成している学校の割合]
(2014年度)

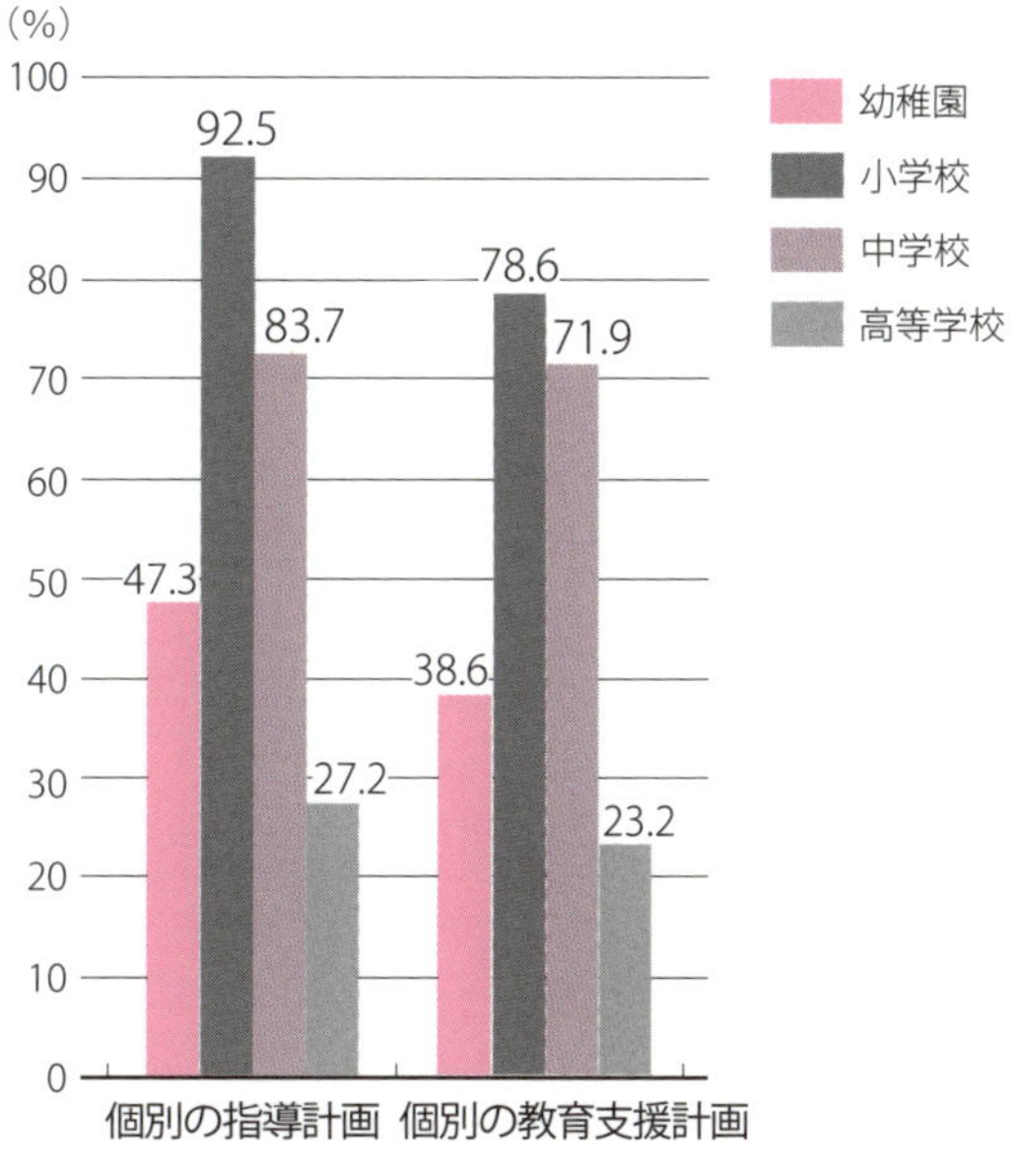

先輩、相談です。

就学してから

小3 男子

ASD

特別支援学校に在籍

18 個別指導計画って、本当はどんなもの？

入学時に「特別支援学校では、保護者の意向をふまえ、一人ひとりの個別指導計画を作成します」と説明を受けました。そして1学期の終わり頃に渡されるのですが、意見を求められてもいいのか悪いのか、何を言えばいいのかもわからぬまま「これでお願いします」と流してきました。個別指導計画ってそもそも何ですか。

組織的・継続的な指導・支援のために

入学時、初めての学校生活にあたり、どこまで特性を理解して適切な支援が行われるのか心配されることはなかったですか。また、学年が上がって担任が替わり、その先生がどのようにわが子をみるのか、かかわっていくのか、見通しがもてず不安になったことはありませんか。

そうした不安、心配をもたずにいられる要《かなめ》になるのが「個別指導計画」です。

改訂された学習指導要領には、指導・支援を切れ目なくつなげていくことを重要視し、組織的・継続的に指導・支援が行われるように、特別支援学校の児童生徒に

限らず、特別支援学級在籍、通級による指導を受ける子ども全員に対して作成することが明記されています。現行の「小学校学習指導要領」においても、通常学級に在籍する特別な支援・配慮を必要とする児童生徒も含め、「個々の児童の障害の状態等に応じた指導内容や指導方法の工夫を計画的、組織的に行うこと」として、個別指導計画を作成することを求めています。

支援・配慮が必要な子ども一人ひとりに作成

定型発達の子どもたちは、教科書に沿った一律の指導で、何を勉強していくのか子ども自身も保護者も見通しやすく学習をしていけます。ですが、障害があり、一人ひとり特性が異なり配慮や支援が違う子どもの場合は、「うちの子、学校で何をやっているのかわからない」ということも、珍しくありません。そうした見えづらさを「見える化」して、子どもがどのような教育を受けているのか保護者に知らせ、同じ方向を見て子どもを育てていくために、個別指導計画は重要な役割を担っています。

特別な支援・配慮が必要な子どもの数だけ個別指導計画は作られ、内容はそれぞれ違います。その具体的な支援・配慮内容を、受け持った先生、かかわる先生の違いに左右されることなく実践し、引き継いでいくのが個別指導計画でもあります。

それでも、「うちの子とほかの子の指導計画、まったく違いがわからない」「誰に

でもあてはまるものが個別指導計画なの？」との声も、まだまだ絶えません。個別指導計画は、保護者・子どものニーズに寄り添い、その子どもの特性や個性に基づき作成されるものであり、誰のかわからない、誰のでもいいような内容は「個別指導計画」とはいえません。

作成と実施にあたり大切なこと

作成の手順としては、子どもを囲む教員の多数の目で子どもを観察して実態を把握、アセスメントし、個々の状態に応じた指導目標や手立て、合理的配慮等を具体的に書き込みます。作成に先立ち、保護者・子どものニーズ・意見も十二分に聴き取り、そうしたニーズも織り込んだ個別指導計画「案」を作成して面談を行い、そこでさらに保護者と意見を交わし修正をしたうえで、最終的な個別指導計画を作成することが重要です。そして、実施、評価、改善のＰＤＣＡ（Plan：計画、Do：実行、Check：評価、Act：改善）サイクルで回されていくものです。

さらには、評価をもとに、支援・配慮が有効であったか検証、無効であればさらなる工夫をしていく、課題が高すぎるようであればスモールステップに、逆に課題が子どもにとって低すぎることもあるのでその点も検討をし、次の学期の個別指導計画を作成していきます。

いずれも、根底には子どもの興味関心に応じ、好きなこと・できることをより好きに、よりできるように、子どもの知的好奇心を満足させるように、と考えていくものであり、できないこと・苦手なことには、支援・配慮をマッチさせて、自信をなくさないように考えていくことが大切です。

これをもとに学校全体がチームとなって指導にあたる

個別指導計画は、教員・スクールカウンセラーと保護者で共通認識をもつツールであると同時に、かかわる教職員全員がしっかりと読み込み、学校全体の共通理解のもとに指導にあたるためのツールともなります。

かかわる教師ごとの指導のばらつきで子どもがとまどったり困ったりすることを避け、一貫した支援・配慮、手立てによって教職員間の連携をスムーズにするための役割を担います。指導方法の工夫やねらいなどを教員間で共有し、学校全体がチームとなって子どもの指導にあたっていくには欠かすことができないものです。

個別指導計画は始業日にはできているべきもの

ところで、相談のお子さんの学校では、個別指導計画が1学期の終わり頃に出てくるとのことですが、それでは、計画のないままに指導が行われていると指摘せざるを得ません。かつて文部科学省に取材した折には「入学式、始業式でも指導計画に基づいた指導が行われることが基本です。その日までに個別指導計画はできてい

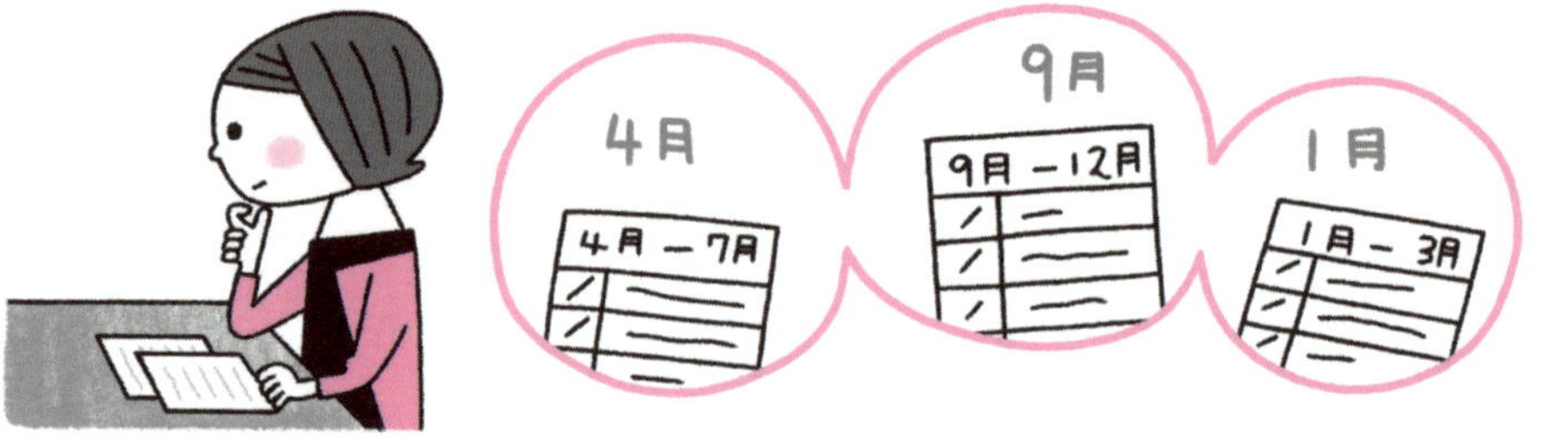

るべきものです」と述べていました。そのとおりだと思います。なぜなら、「特別支援学校小学部・中学部学習指導要領」には「各教科等の指導に当たっては、個々の児童又は生徒の実態を的確に把握し、個別の指導計画を作成すること。また、個別の指導計画に基づいて行われた学習の状況や結果を適切に評価し、指導の改善に努めること」と明記されています。

1学期の終わり近くになって計画がやっと出てきたということは、「行き当たりばったりで指導していたのか」と揶揄《やゆ》されても仕方がないことです。そして、計画が作成されない限り、「行き当たりばったり」が続くわけです。保護者が不安を抱くのも当然です。

成績表も、何をもって評価しているのかわからないことになります。成績は、その個別指導計画に基づき評価したものが届けられるのが本筋であり、計画のないところには評価も存在しないといっても過言でないと思います。

個別指導計画の作成については、始業式までに終えておくことが、子どもたちの日々にも大切なことです。ちなみに文京区では、教育委員会として、「児童・生徒一人一人の個別指導計画は、保護者の意向を踏まえながら、前年度中に作成するものとする」「新学期の始まりに間に合うように作成する」として学校に周知し、徹底するように指導しています。

[個人指導計画作成スケジュールの例] （東京都文京区内の小学校の例）

春休み中		春季休業中に保護者と面談を行い、3学期の評価の共有と「計画案」をもとに1学期の目標・手だての検討、決定 （新入学の児童生徒は新年度から通う学校で面談を行う）	
1学期	4月	始業日に1学期の個別指導計画配布	専門家巡回、校内委員会
	5月	↓ 実態把握	↓ アドバイス等あれば計画に落とし込む
	6月	↓	↓
	7月	2学期に向けての保護者アンケート 終業日に1学期評価と2学期の「計画案」作成・配布	
夏休み中		夏季休業中に保護者と面談を行い、1学期の評価の共有と2学期の「計画案」をもとに目標・手だての検討、決定	
2学期	9月	始業日に2学期の個別指導計画配布	専門家巡回、校内委員会
	10月	↓ 実態把握	↓ アドバイス等あれば計画に落とし込む
	11月	↓	↓
	12月	3学期に向けての保護者アンケート 終業日に2学期評価と3学期の「計画案」作成・配布	
冬休み中		冬季休業中に保護者と面談を行い、2学期の評価の共有と3学期の「計画案」をもとに目標・手だての検討、決定	
3学期	1月	始業日に3学期の個別指導計画配布	専門家巡回、校内委員会
	2月	↓ 実態把握	↓ アドバイス等あれば計画に落とし込む
	3月	次年度1学期の個別指導計画作成に向けて保護者アンケート 終業日に3学期評価と次年度1学期の「計画案」作成・配布 （幼保→小学校、6年生児童→中学校への引き継ぎ）	
春休み中		春季休業中に保護者と面談を行い、3学期の評価の共有と「計画案」をもとに次年度1学期の目標・手だての検討、決定 （新入学の児童生徒は新年度から通う学校で面談を行う）	

コラム

どんな個別指導計画がいいの？

[あまりよくない個別指導計画の例]

支援形態 TT　介助(　　　)先生　特別支援員　スクールカウンセラー ボランティア(　　　)先生　通級(　　曜日　　)　その他(		1学期	2学期		具体的なめあて	(4
学習面	読み書きが苦手				・交流学級及び、小集団の中で、注目・傾聴し指示を聞き取ることができる。 ・45分間、着席して課題に取り組めるようにする。	・『足』『手 カードを を身に ・15分く ・課題が 席して を増や 速く終わ に か
	指示が聞き取れない					
	計算が苦手					
	集中できる時間が短い	○				
	忘れ物が多い					
	得意な・意欲的に取り組める教科や活動 (　国語、算数　など　　)					
	苦手・支援が必要な教科や活動 (　体育，図工，家庭科　など					
	その他(					
運動面	手先が不器用				・整列、体育座りが一定の時間できる。 ・指示に従って、動きをコントロールすることができる。 ・簡単な模倣ができる。	・マークを を示す ・指示を 動くよう ・模倣運
	並ぶ位置が分からない					
	模倣運動が苦手	○				
	体全体を動かす動きが苦手(スキップ・なわとび など)					
情緒・社会面	勝ち負けにこだわる	○			・勝敗の受け入れ、順番の受け入れができるようにする。 ・かっとなったときに、言葉で解決できるようにする。 ・同じ学年の友達と、かかわって遊ぶことができる。	・「まあい 内言を トロー ・大人が となった きるよう ・交流及 行う。
	すぐにカッとなる	○				
	ルールのある遊びに参加できない					
	自己評価が低い					
	会話でのコミュニケーションが苦手	○				
	(大人・クラスメート・年下)とは関わって遊ぶことができる	○				
	その他(　　　　　　　)					
生活面	疾患などがある(チック・脳波・アトピー・アレルギー・その他)				・時間を意識しすぎず一口ずつゆっくりよく噛んで食べる。 ・慌てずに、周囲に気を配って行動する。	・タイマ 場所に ・おかわ った順 ・走って 声をか
	整理整頓ができない					
	衛生管理(身なり・食べ方・清潔)が苦手	○				
	偏食が激しい					
	その他(　　　　　　　)					

できないこと・苦手なことが列挙されているだけ

誰にでもあてはまり個別性がない、具体性に欠ける

おおざっぱすぎる

どのような個別指導計画が望ましいか、p63のコラムでも簡単にふれましたが、ここでは具体的な例でみてみましょう。

右は、「具体的なめあて」とある割に具体性がなく、個別の計画になっていません。これに比べると、左は子どもの実態を把握したうえでの具体的な計画になっていることがわかります。「いつ」「どこで」「どのように」するかも記されています。

[望ましい個別指導計画の例]

教科・領域・項目		主な指導場所 回数	指導の主な課題	指導内容・手だて
日常生活スキル	・身辺自立 ・移動 ・金銭、買い物 ・調理 ・パソコン活用等	6－1 支援教室 （週１回）	・衣服の前後に注意して、着脱することができる。 ・小さいボタン、ホックの付け外しができる。 ・衣服の管理　自分でする。	・目印を手がかりに正しく着替えさせる ・巻きたたみで着替えバッグに入れさせ ・シャツや練習台を使って取り組ませる ・八ヶ岳林間学校に向けて、荷物の整理する。
		支援教室 （週１回）	・手指の巧緻　を高める。	・片結びや箸を正しく使えるようにさせ 指の名前を覚え、５指を分離して使え 簡単な織物作品を作らせる。
		支援教室 （週１回）	付ける。	たたみ方、ハンガーへのかけ方等がで ・コンビニやスーパーで買い物ができる ・適量に気をつけてお茶を入れることが ・パソコン（ひらがな打ち）を使って、とができる。
社会性・コミュニケーシ	・いつ、どこで、どうやってなどのやりとり ・会話のキャッチボール ・報告、要求、拒否、援助依頼等 ・挨拶・指示理解 ・係の仕事など ・ソーシャルスキル、ゲームスキル 時間　見通し	6－1 支援教室 （随時）	・友達と協力して日直や当番の役割を果たす	・前日に予告して動機付ける。 ・サウンドリーダーを活用する。 ・同じペアやグループの児童と約割を確
		6－1 支援教室 （週２回）	・学級活動や外国語活動で積極的に友達とかかわる。 ・絵を見て状況を把握したり次の場面を予測したりする。 ・ゲームやロールプレイを通して言葉	・学級の一員として、選択をしたり、同示すことができるようにする。 ・役割決めなどで自分の希望をはっきり ・コミュニケーションゲームなどに積極 ・台本化されたものから正しい言葉のや ことができるようにする。
その他の学習	・行事参加 ・生活単元学習、トライアングル ・交流学習 ・特別活動など	6－1 （毎回）	・学級単位の活動に友達と楽しく参加する。	・学級担任との十分な打ち合わせにより ムーズに参加できるようにする。
		6－1 委員会・クラブ	・クラブ、委員会活動に意欲的に参加する。	・学級担任、クラブ、委員会担当と打ち る場を設定する。
		6－1 支援教室	・八ヶ岳林間学校にめあてをもって楽しく参加する。	・視覚的な予定表を示し、見通しをもた ・できるだけ友達とかかわりながら参加 援が過多にならないようにする。

（この右に「様子と評価」の欄がある）

課題設定が具体的で、それに沿った手立てが用意されている

どこで行うかと頻度が明確

いつ行うかが明確

1学期

・学級担任、クラブ、委員会担当と打ち合わせにより活躍できる場を設定する。	・友達と協力しながら、うさぎの世話や、植物への水やりなどの常時活動に責任感をもって取り組んだ。
・視覚的な予定表を示し、見通しをもたせる。 ・教員の支援が過多にならないようにしながら、自分でできることを増やせるように過ごさせる。	・最高学年として、係の仕事をしたり、低学年の児童の手を引いたりし、楽しく生活していた。 ・布団を敷いたりたたんだりすることは、宿泊学習中、１日目より２日目、２日目より３日目と一人で丁寧に行えるようになっていった。

指導の経過により、「様子と評価」欄に記述されていく

2学期

就学してから

先輩、相談です。

就学してから

小1　女子

アスペルガータイプ ASD

通常学級に在籍

19 障害のこと、ほかの保護者にどこまで話しておけばいいの？

支援や配慮を受けながら育ってきました。これまでどおり地域で、保育園時代のお友だちの中で育てたいと考え、通常学級を選択しました。保育園時代の保護者は娘のことをわかってくれていますが、他園から来てまったく知らない人もいます。初めての保護者会で、どこまで娘の障害のことを話したらいいのでしょうか。

人の思惑はさまざまなので…

基本は、親御さんが話してもいいと思えば話すのがいいし、話したくなければ話さなくてもいい、と私は思っています。

背景からすると、同じ園から入学する子どもがいれば、その保護者たちはうっすらとお子さんに障害があるのではないかと感じている人もいるかと思います。単にわがままで、親のしつけが悪いと思っている人もいるかもしれませんが、そうした人たちばかりではなく、何か障害があるのだとすればどのようにわが子が接していけばいいのか、親として子どもにどのように声かけをすればいいのか、迷う親も多

くいます。また一方では、話さないことで「障害を認めたくないのよね」と思う人もいるのも事実です。

親御さん自身が納得して決断を

要するに、人の思惑は多種多様、すべての人が納得する対応は難しいと割り切って、自分たちが納得できる決断をすればいいのではないでしょうか。

相談では、「娘の祖父母は、私たち夫婦が娘の障害のことをほかの保護者や地域の人に話すことを嫌います」と、身内の思惑も心配されていますが、そもそも、祖父母には基本、話したか話さないか黙っておけばいいですし、もしわかったら、「話をしたほうがいい雰囲気で……」と、やんわり報告すればいいと思います。

障害があることより支援や配慮の方法を伝える

仮に話すことを選択するのであれば、気をつけたいことがあります。障害があるということを伝えるのではなく、どのように接したらいいのか、支援や配慮の方法に重きをおいて伝えるということです。「うちの子は障害があって」と言われるだけでは、「え？　じゃあ、どうすればいいの？」と、相手に不安な思いをさせるだけになってしまうからです。

障害のためできないことや苦手なことを連ねるのではなく、そのことに対して子

どもでもできる支援や配慮を伝えられるといいと思います。たとえば、コミュニケーションが苦手な場合、「○○があるとうまく思いを伝えられず、混乱してしまうことがあります」「できれば、こんな声かけをしてもらえれば……」というように。

子どもの思い、担任との連携などについても

また、お子さんが小学校に入るのをずっと楽しみにしていたことなども伝えたうえで、「先生とは密に連絡をとっていきますので、どうかよろしくお願いします」というように話してはどうでしょうか。

家庭で過ごしている姿と違い、集団の中ではまた違ったその子がいます。具体的な支援については、保育園の先生に尋ねておきましょう。園の中でどのようなことでうまくいったかなど、「園の先生からは、まわりの子どもたちには○○○と声をかけていると聞いている」と、伝えるのがいい方法です。

手短に話すことも心がける

いずれにしても、初めての保護者会は、それぞれの保護者がわが子の入学に際して「どうなるかな」との不安を、少なからずもっているものです。そこで、一人が長々と話をすると、「あなたのところだけではない」と反感をもたれるかもしれません。話は3分ほどでまとめるように心がけましょう。

「何かあれば、いつでも、先生にでも私にでも言ってください。先生と密に連携をとって子育てをしていきます」とまとめるのがお勧めです。

味方になってくれる人を増やす

また、保育園でともに過ごした子どもたちの保護者は、お子さんとともに育ったことのよさをかみしめ、味方になってくれる人も大勢いるはずです。

園の先生から聞いた、まわりのお子さんとのエピソードでうれしいことがあったら、街中などでその保護者に会った折には、「先生から聞いたんだけど、うれしかった。ありがとう」と声をかけ、率直に伝えていくことも大事です。きっと、より味方になっていってくれるはずです。地域の人たちへも同じです。

先輩、相談です。

就学してから

小2 | 女子

アスペルガータイプASD

通常学級に在籍

20 「障害があって通級に行く」と子どもたちに説明。これって差別につながるのでは？

うちの子は通級による指導を利用しているのですが、なぜなのと尋ねたまわりの子どもたちに、先生は「障害があって、みんなとは別の勉強が必要だから通級に行くんだよ」と説明したそうです。これってどうなんでしょう？　障害ということを言って子どもたちに伝える必要があるんでしょうか。差別につながりませんか。

なんと配慮のない、残念な説明!?

想像力が足りない先生がいるんです……ね。

子どもたちを障害の有無で色分けしていくことは、ときにはいじめにもつながりかねないことであり、まだ十分な理解が難しい低学年の子どもたちに、このような配慮のない説明をすることは、あってはならないことでしょう。不必要に個人情報を伝えているようなものだし、まして、通級に通う子ども本人への障害告知がなされていないことも当然あり得ることで、その子たちに対して、どうしていくつもりなのか……。きっと想像していないのだと思います。

当然、「障害」というような言葉を持ち出すべきものではないし、本当は、想像力が足りないなどという話ですむことではありません。なぜ、そうした先生がいるのか（!?）、本当に残念です。

教師の不適切な言動を組織として改められないのはなぜ？

加えて残念なことに、学校で何か問題が起きるとき、先生の言動が問題の発生を助長してしまっていることがまれではありません。今回のようなケースも、想像すればたやすく、いじめや、本人が自信を失う事態に発展することが、十二分にあり得ると予想できます。

なぜ、先生たちは、そうした問題を繰り返すのか。各先生が言動を省察して以後の指針にしてほしいのはもちろんのこと、それだけでなく、学校全体が組織として、問題になる言動を共有し、改善していってほしい。それができていないのが、大きな問題ではないでしょうか。どうもその背景には、問題を子ども本人の問題や、家庭の問題にすり替えがちという学校文化があるように思えてなりません。それゆえに、組織としての改善にいたらないのではないでしょうか。

背景にあるゆとりのなさ、そして障害への偏見

背景には、子どもの心に寄り添い、子どもの声をよく聴くというゆとりが各先生

にない、ということもあるかもしれません。そのためか、たとえば行事では、頭の下げ方、手の置き方など表面的な見た目の指導ばかりが先行している気がします。そうした表面的なことのみで、教員間で評価し合うということもあるように見受けられます。

そしてまた、先生たちの、障害というもののとらえ方に、偏りがあるようにもみえます。端的にいえば、「障害があるってだめだよね」という意識が根底にできあがっている印象。「障害があります」と手をあげている子どもに対しては、障害があるということだけで思考停止になり、そこから個々の子どもの状態像などを探ってニーズに合った子どもを引きつける授業を組み立てていく努力が、止まってしまっているような印象です。

これには、もしかしたら、従来の公的な文書等の影響もあるのかもしれません。たとえば、文部科学省等の特別支援教育に関するさまざまな文書には、障害による「生活や学習上の困難を改善又は克服する」といった表現が使われています。障害は、本人が直す・打ち勝つ・乗り越えるべきものという考え方が、先生たちに浸透しているようでもあります。

気づきを促すことから

もちろん、先生たちも意識的に問題ある言動をするわけではないでしょう。きっと気づきが足りないだけです。そこで、今回のように差別的な発言があったときにこそ、そうしたことはまさに「だめだ」ということに気づいてもらい、組織として二度とないようにしてもらうことが重要ですね。

そこで、その先生だけの問題とせず、「どの先生にもあり得るかもしれない」こととして、伝えたらいいと思います。今回の場合は、「障害」という言葉でレッテルを貼ることになると伝え、そして個人情報保護の観点からももう少し丁寧に言葉を選んでほしいと要望してみましょう。

ちなみに、校長に話をもっていく折には、担任の先生の問題点だけでなく、評価できる点も併せて話すのがいいでしょう。お子さんが担任に対していいなあと思っているところや、担任とのかかわりで好きだと思っているところを聞き出し、その話から始めます。そのうえで、「ところが、あいにくこんなことがあって……」と話していくことをお勧めします。

先輩、相談です。

就学してから

小4 男子

ASD

通常学級に在籍

21 子どもの存在が迷惑と言われ、保護者が敵にすら思えます

独り言を言い続けたり、自分の手を叩くことで気を落ち着かせたり、まわりの迷惑になっているとは思うのです。私も重ね重ね注意しています。でも、ほかの保護者から「お宅のお子さんがいると迷惑」とストレートに言われると、へこんだ気持ちにさらに冷水をかけられるようで、その親御さんが敵にすら思えます。

保護者同士だからこそ、こたえる…

障害のある子の親でいると、わが子のいろいろな点が「直したほうがいいなー」と気になっています。それらがなかなか直らないとき、悩みは尽きません。そこに追い打ちをかけるように「あなたのお子さんは……」と否定的なことを言われると、どこまでも落ち込んでいき、その先では、理解してくれない相手がまさに敵のように思えるのは、よくあることだと思います。先生からは「お子さん自身も困っているんですよ」と理解を示してもらえても、やはり、同じ立場の保護者から投げられる言葉は、大変こたえますね。

背景の一つに、学級が落ち着かなかったり荒れたりしているという状況があるのかもしれません。そういうとき、保護者のなかにはその原因を探し出そうとして「お宅のお子さんがいると迷惑」といったことを口にする人がいます。残念なことですが、珍しいことではありません。

学校内のこと、家庭でできることは少ない

そもそも学校内でのことを「お子さんのこと困っているのでどうにかしてください」と言われても、できることは少ないし、「これ以上、何をしろというの⁉」と思うのが正直なところではないでしょうか。

そうなのです！　たとえば、夫の会社で何か問題が起こったときに、家族ができることは少ないのと同じだと思います。解決には、その会社の中で考えていってもらうことが基本です。

当然、学校の中でのこともそうです。「迷惑」とほかの保護者に言われても、家庭でできることは、実はあまりない、「できることがあるなら、とっくにやっているよ～」と答えるのが素直で、そして正しいところなのです

学校と連携していることを伝えよう

では、ほかの保護者から「困る」と言われたらどうすべきか……。家庭としてで

きること、つまり、学校と、担任の先生と連絡をとって相談することを、日々しているると伝えましょう。

「ご連絡ありがとうございます」「わが家としてもどうしたものか日々悩んで、先生と常々連携して、家庭でできることはやるようにしています」「先生が対応を考えてくれていますので、お気づきのことがあれば、ぜひ先生にお伝えいただけるようにお願いします」というように、話すのがいいかと思います。

多様な子どもの状況に対応する責務は学校に

公立の学校には、さまざまな事情の子どもたちが通います。子どもが育つ背景には、家庭の経済的な状況の違いもあれば、両親のそろっている家庭、ひとり親家庭があり、何かしらの事情で親と離れて施設などで暮らす子どもなどもいます。「しつけ」という大義名分で虐待に近い状況にある子どもがいるということも、十二分に考えられます。

多様な家庭環境にある子どもたち誰もが伸びやかに学校生活を送るには、どんな子どもであっても、学校で楽しく学び、知的好奇心を満たすことを通して自己肯定感を高めていく必要があります。そのための工夫や支援・配慮を行い、どの子にも魅力ある授業づくりを行う責務が、学校にはあります。

その保護者の「うちの子が大事にされていない」思いに対応してもらう

なので、ぜひ先生にも、うちの子のことで困っていると、ほかの保護者から言われた話をしてみてください。

障害のある子の保護者に「お宅のお子さんのせいで」と言ってくるのは、前述したようなことのほか、その保護者に「あの子のために、うちの子が大事にされていない」という思いがあることもあります。

先生には、どの保護者も「うちの子に気持ちをかけてくれている」と実感がもてるよう、安定した学級経営をし、しっかりと、丁寧に、一人ひとりの子にかかわってもらいたいものですね。そうした教員としてのあたりまえの実践が、「お宅のお子さんのせいで……」との声をなくす、いちばんの手立てです。

先輩、相談です。

就学してから

小2　女子

知的障害

特別支援学級に在籍

22 受け入れてもらえるまで通常学級との交流はできないの？

知的障害は重度で言葉もほとんどない状況ですが、保育園では先生も子どもたちもその親御さんも、態度や少ない言葉から思いを受け取ってくれ、ともに過ごしました。でも今は、「通常学級の子が受け入れることは難しい」「お子さんがもう少し成長してから交流しましょう」と言われ、通常学級とのかかわりは絶たれています。

社会に参加するのに資格がいるの？

「〇〇ができないと一緒に過ごせない」というのは、一般の社会に参加するには資格が必要と考えられているのだと思います。担任の先生が、お子さんの言葉がほとんどない状態を理由に、通常学級の子どもたちが受け入れることは難しいと判断しているとすれば、それは不当な判断といわざるを得ません。

交流に出るのは、お子さんがもう少し成長し、受け入れてもらえるようになってから、などと言うのも、同様の理由で不当であり、明らかに差別ですね。

あたりまえのことですが、誰もが社会の一員であり、社会参加に条件などありま

せん。学校は子どもにとって社会です。言葉が伝わりづらかったら、お子さんの思いがわかる人がそばにいて補足するといった合理的配慮があればいいだけのことです。学校側が言っていることは、人権侵害にもあたることです。

「受け入れる」という発想が問題

そもそも、「受け入れる」という発想が「？？？」です。同じ学校、学年の子どもであれば、障害の有無にかかわらずともに過ごすのがあたりまえです。それを、受け入れるというのは、いるべき人でないけれども「集団に入ることを許可しますよ」という発想ですよね。

先生自身がそうした考えでは子どもに伝播《でんぱ》していきます。本来であれば、障害のある子とともに育ち合うことに違和感や異論をもつ子がいたら、「それは違うよ。社会はさまざまな人たちで構成されていて、ともに過ごす仲間だよ」ということを言葉だけでなく。自らの態度でも教えていくべきなのです。

「善意」からの対応でも間違っている

先生ももちろん、悪気があっての発言ではないでしょうね。むしろ「善意」からなのだと思います。だからこそ、やっかいだな……と私は感じます。まだまだ学校現場には、障害のある子を障害のない子や学校が「受け入れる」という発想がはび

こっています。

しかし、「障害者基本法」には、「可能な限り障害者である児童及び生徒が障害者でない児童及び生徒と共に教育を受けられるよう配慮しつつ、教育の内容及び方法の改善及び充実を図る等必要な施策を講じなければならない」と明記されています（第16条「教育」第1項。p71コラム参照）。障害の有無にかかわらず、ともに学び合えるように学校は策を講じていくべき時代であり、学校側の発言は間違っているのです。「善意」のすみやかな修正が必要です。

正当に要求しよう

相談のような対応に遭うと、障害のある子どもが障害のない子どもたちとともに過ごすことは迷惑になるのだろうかと、つい弱気になりますね。

しかし、お子さんが「迷惑になる」などということは一切ありません、あるのは、迷惑に感じさせるような先生の力量不足、合理的配慮を適切に考えられない先生の問題であり、迷惑になるのは先生や学校の考え方です。

そこで、保護者としては要求してもいいのです。「保育園ではともに過ごし、理解をしてもらえてきました。年齢が上がった分、子どもたちの理解はさらに進んでいるはずです」「保育園時代の先生方同様に、お力添えをさらにお願いします」と伝えることも大切ですよ。

いじめの心配に対しては…

先生からは「幼児期よりも子どもたちの関係性は複雑なので、いじめに遭ってしまうかも……」といった心配事も示されるかもしれませんが、いじめは、いじめを受ける側の問題ではありません。「いじめ防止対策推進法」に基づき、各校は「いじめ防止基本方針」（名称は自治体により異なる）を作成して、いじめを許さない学校・学級づくりをしています。

「いじめはどの子にも起こらないように、起こっても対応すべきことなので、毅然とご指導お願いします」のように返してはどうでしょう。

暮らす地域と同様に、分けないのがあたりまえ

最後には「暮らす地域はスーパーも病院、レストラン、公園なども、障害のある人エリアやない人エリアなどと分けられていません。それがあたりまえ。子どもにとって暮らしの中心になる学校生活でも、あたりまえにしてください」と、ぜひ、伝えてみてください。

先輩、相談です。

就学してから

中2 女子

知的障害

特別支援学級に在籍

23 交流をさせたくない…

最近、交流が盛んにされるようになり、通常学級で過ごすことも増えてきています。先生からは、「交流に行って帰ってきたら疲れたようで」と、あまりいい話は聞きません。じっくりとかかわってもらいたくて特別支援学級を選択しました。交流をさせる意味って何なんですか。本当にさせなくてはいけないものでしょうか。

ときには疲れることもある、というとらえ方で

「交流に行って帰ってきたら疲れたようで……」と、ネガティブな印象の報告を受けると、つい気持ちが沈んでしまいますが、ひとまず受け止め、どうとらえたらいいかを考えてみましょう。

まず一つには、ときには疲れることがある、というとらえ方をしてみることも必要です。障害のない健常児といわれる子どもでも、クラスの中で疲れることは当然あります。特別なことではないという視点をもつことも大切ではないでしょうか。

疲れるなら、どうしたら疲れないようにできるか、また疲れをいやし、楽しく安

心して過ごせるようにできるか、支援や配慮を考え、実行するのが先生の仕事です。

担任自身の苦労を物語る言葉かも…

「交流に行って帰ってきたら疲れたようで……」という報告を受けるときは、本当にそれが子ども自身のことなのか、疑ってみることも大事です。というのは、実は子どもが疲れたのではなく、特別支援学級の担任が「交流についていったら疲れた」ということを子どもに置き換えていることがあるからです。珍しいことではありません。特別支援学級の先生が通常学級の先生と、交流がうまくできていないことがあります。

交流に出ることについて否定的な発言があるようであれば、それは先生が支援や配慮がうまくできていなくて、（私自身が疲れました）……と吐露しているという見方をしてみることも必要ですね。

社会で生きていく将来を考えると、交流は必要では？

じっくりかかわってもらうことは、もちろん大切です。特別支援学級に入るということは、より丁寧な個別指導をじっくりと受けられるという権利を得たことでもありますからね。

しかし、人は皆、社会で生きています。著者もそうですし、相談の親御さんも、

お子さんもそうだと思います。子どもの社会ともいえる通常学級の中で、特別支援学級でじっくりと受けた指導を生かして過ごす積み重ねは、お子さんの将来を見据えたときに必要なことではないでしょうか。

障害があって生きていくということ…

障害があるということは、苦手やできないことがあり、そのことに支援や配慮が必要ということです。でも、適切な支援や配慮があれば、障害は軽減し、自信を失うことなく過ごしていかれます。

「障害者基本法」で、障害者は「身体障害、知的障害、精神障害（発達障害を含む。）その他の心身の機能の障害（以下「障害」と総称する。）がある者であつて、障害及び社会的障壁により継続的に日常生活又は社会生活に相当な制限を受ける状態にあるもの」とされています。

つまり、障害とは、人も含む環境によってもたらされ、不自由な暮らしを強いられる結果という考え方です。たとえ身体障害や知的障害などがあっても、環境、つまり障害に対する理解と配慮、支援が整備されていれば、障害を感じることなく暮らしていかれるというものです。

交流はまわりの子が支援・配慮を学ぶ機会でもある

まわりの子どもたちにとっても、交流は不可欠のことです。障害のある子どもがそばにいて、ともに過ごすことによって、障害があるから一緒に過ごせないのではなく、人の意識や支援・配慮のあり方でともに過ごすことができるのを学ぶことができます。ともに過ごす時間の中、特別支援学級の先生たちの支援・配慮を身近に見、その効果を知ることによって、自分たちも実践できるようになります。将来、職場の同僚とのつきあい方の参考にもなるだろうし、接客業であればサービスの質の向上につながり、商品開発でも幅広い対象者を思い描けるでしょう。

そういう子どもたちが育ち、生活する地域となれば、お子さんは、障害をもっていても取りこぼされた思いをもつことなく、安心して生きていくことにつながるでしょう。

先輩、相談です。

就学してから

小4 女子

アスペルガータイプ ASD

通常学級に在籍

24 素直に疑問を口にする子を「だめな子エリア」に座らせる!?

娘は、授業中でも先生に「なぜですか（違うと思うんです）」などと口にします。担任はそうした娘と同様の数人を教室の後ろの「だめな子エリア」に座らせています。改善を求めたのですが取り合ってもらえません。校長先生からも、「お子さんが悪い」「口答えをしないように家庭で教育を」と、逆に指導を受けました……。

「だめな子エリア」は明らかに人権侵害

「授業を邪魔するだめな子」として、「だめな子エリア」を教室の中に設けて座らせるなど、明らかに人権侵害だと思います。おかしいと感じて改善を求めたのは正当な対応です。

子どもたちの声が単なる口答えにしか聞こえない先生こそが、実は専門性を有してはいないわけで、教える専門家としてはまだまだ「だめ」なのです。だめな子など存在しません。子どもをだめだと決めつけて、自分の専門性を棚上げにする、まだまだだめな先生の存在が問題です。

育てるべき個性をそぐ教育…

教育委員会はいずこも「個性豊かな子」を育てるとしています。当然、先生の話に疑問をもったり、違うと感じたりしたとき、その疑問を言葉にして尋ねることができることもまた、個性として尊重し育てるべき資質です。社会に出て仕事をする中で、気づいた疑問をそのままにしないことは、企業であればさまざまな顧客が抱くであろう気がかりや不安を想定して検証し、よりよい商品を開発することにもつながります。ですから、疑問を口にできることはその子の強みであり、その子は貴重な戦力にもなり得る人材です。

担任の先生や校長がそうしたことに気がつかない……というのはとても残念なことです。学校の常識は社会の常識と異なる、とも揶揄《やゆ》されがちですが、担任や校長の教育のあり様は、まさにその一例だと思います。

教育委員会に話をもっていく方法も

親御さんは、毅然と「先生のお考えはストンと胸に落ちませんね」「教育委員会も同じお考えなのでしょうか？」と訊かれるといいですよ。教育委員会はさすがに、時代がどのような教育を望んでいるか、社会がどのような人材を必要としているか、基本はわかっています。

担任の先生や校長と対話をして、学校がそれでも同じことを繰り返すようなら、

ぜひ、学校とのやりとりをもって教育委員会を訪ねてください。

子どもにとって大きな応援に

保護者自身が、納得できないことに対して「なぜ？」と訊いていく背中は、子どもにとって大きな応援にもなるはずです。そして同時に、思いを口にすることができる「あなた」を、これからも応援していくということを、伝えるのも大事だと思います。

お子さんに、親が仕事で（友だちとの関係でもいいし、学校時代のことでも）疑問に思ったことを口にしていい結果が得られたことや、あるいは「〇〇〇〇という言い方にしておけばよかったかな」と感じたこと、「あのときに思い切って言えればな」と思ったというような経験なども含め、伝えてください。

自分を応援してくれる人の言葉は届きます。きっと、伝え方についてのちょっとしたアドバイスなども、胸に届きやすくなるでしょう。

コラム

障害の「克服」!?

学習指導要領に書かれている「障害による学習上又は生活上の困難を主体的に改善・克服する」といった記述に違和感をもちます。障害って、改善・克服しなくてはいけない何か悪いものなのだろうか、という思いがわき上がってきて、目にするたびに不快になります。

障害があるがゆえに生きづらさ、生活のしづらさはあるのは確かです。が、個々を知り、できない、苦手なことをどうすればいいのか探る環境があり、手立てや支援が届けば、障害は軽減できます。障害による生きづらさ等は人を含めたまわりの環境によって生じることを実感してきました。

一方、学校では、障害は自己責任でまずは本人が障害を「主体的に改善・克服」するという考え方がいまだに根強く、個々に応じた支援・配慮が進みません。それはまた、教師の専門性が磨かれない要因の一つにも思えます。「改善・克服」といった文言を改め、学校の意識改革を促す必要性を思います。

先輩、相談です。

就学してから

中1 | 男子

知的障害

特別支援学級に在籍

25 できないことを指摘するだけが先生の仕事じゃないはず…

入学後、初の面談。のっけから、これができない、あれができないと苦手なことのオンパレードで、落ち込むのを通り越し腹が立ってきました。配慮や工夫が必要と思うから特別支援学級を選択したのに、まるで息子の努力不足と言われているようです。できないことが減らせないと、心穏やかに人生を過ごせないのでしょうか。

それは教師の専門性の放棄…

障害の有無にかかわらず教え子のできないことを多く見つけ、あげつらうことが教員の専門性、と勘違いしている教師も中にはいます。息子さんの担任の先生はそうした一人なのかもしれません。

できないことや苦手なことは、一定時間を一緒に過ごしたりしていれば、素人でも気づき認識できるはずです。素人と違う教師としての専門性を有するということは、そのできないことや苦手なことで自尊感情を損なわないように、学校生活で困ることなく、楽しく過ごせるように、支援や配慮を考えられるということです。

したがって、できないことだけの言いっぱなしであれば、それは専門性の放棄だと私は思います。

「生まれてきてよかった」と思えるように、思ってもらえるように

親御さん自身は、心穏やかに、安定した日々を過ごしていますか。
大人になるというのは、子ども時代以上に、仕事、経済的なことや、子育てでの心配、老後の不安など、悩み考えることが広がるものではないでしょうか。それだけに、「安定？」と聴かれるとなかなか「はい」とは答えづらいものですよね。私自身、自問自答すると「う～ん」と躊躇《ちゅうちょ》してしまいますが、そのときには自分自身に訊いてみます。

「生まれてきてよかった？」と。

たった一度きりの人生です。うれしいことやうまくいくときばかりではなく、さまざまな不安や悩み、怒り、そして、もがくことのほうが多いかもしれません。でも、それでもトータルに考えたときに、「生まれてきてよかったな」と思えれば、それが安定ではないでしょうか。

私は、子どもたちに「生まれてきてよかった」と、子ども時代も大人になってからも思ってもらえるようにしたい、と子育てをしています。

就学してから

教師、そして学校に求められるのは…

教師の専門性の話に戻ります。

教育委員会や学校現場では、障害のある子への専門性をもつ教員がまだまだ少ないから障害のある子への支援・配慮がなされない、といわれがちです。もちろん、そうした面を完全に否定するつもりはありません。しかし、本当にそれだけでしょうか。

私には、障害のある子のことを勉強したことがないということを「言い訳」にしているとしか思えない先生が少なくないように思えます。

なぜなら、先生に求められるのは、教え子一人ひとりに応じた指導ができるようにすることです。40人の教え子がいれば40人それぞれが違うので、個々のアセスメントをして、教え子の誰もが「おもしろい」「もっと勉強したい」と、苦手意識を払拭できるように授業を組み立てるのが仕事です。それには、教え子の障害の有無は関係ありません。

まして、今の学校に求められるのは、そうした子ども一人ひとりに応じた指導について、担任一人で抱え込み考えることではなく、学校全体がチームになって、どの子にとっても居心地いい居場所を、すべての子どもに届けていくチーム力です。

学校にもＰＤＣＡサークルを根づかせよう

先生は子どもたちに向かって「わからないことがあれば訊こう」「困ったことがあれば助けてもらおう」と指導をします。当然、先生たちもそうあるべきです。そこで、先生から子どもの「できないこと」を指摘され、そのことで子どもへの支援・配慮をどうしていくかの個別指導計画に基づく提案がないときには、保護者として、ぜひ次のように伝えてみてください。

「子どものできないことや苦手なことをわかっていてくださっていて安心しました。そのことで子どもが自信を失わないように、先生はすでに支援や配慮を実践してくださっていると思いますが、先生からご覧になるとまだ支援や配慮の検討が必要というのが今日のお話だと理解しました。他の先生や外部の専門家ともよりつながって検討した個別指導計画を作成していただければ、子どもが『生まれてきてよかった』となお思えますので、今後もよろしくお願いします。支援・配慮でどのように子どもの授業態度が変わったかなど、引き続きようすを聞かせてください」。

なぜそうしたやりとりが必要か。学校でも求められているのは、社会同様に、実践したことの振り返りをして次に生かすPDCA（Plan：計画、Do：実行、Check：評価、Act：改善）です。必要なことは、評価だけではなくその先の改善策です。保護者が大いに訊いてこそ、PDCAサイクルが学校に根づきます。

先輩、相談です。

就学してから

小3 | 男子

ADHD

通常学級に在籍

26 授業中外に出されていました。邪魔にされているようで疑問…

授業中通りかかるとクラスに姿がありません。図書室で一人、図鑑を読んでいました。集中力がなくなったら行っていいといわれているとのこと。ほかの子にちょっかいを出すので、気分転換はいいとは思うのですが、家庭には知らされていません。授業の邪魔になるので外に出されているようで、疑問に思えるのですが……。

それは体罰に値する行為？

授業中に学習を怠けたことなどを理由として教室に入れない、教室から退去させ指導を行わないまま放置することは「体罰」に値する行為とされています。また、やむなく教室から退去させる場合であっても当該授業に代わる指導があれば問題ないとされています。しかし、単に廊下へ出させ、授業に代わる指導を行わない教師もいて、体罰についての理解が乏しいこともあります。

お子さんの件では、授業中に外に出すことについてまずは保護者の了解をとるのが筋だと思います。知らされていなかったとのことですので、ぜひ、先生に話をし

てみましょう。

保護者の了解のうえ、子どもと決めたルールのもとなら…

保護者の了解をとったうえでなら、自分の気持ちを建て直すためにいったん教室の外に出て、のちに、授業に再び参加するという、本人の意向を尊重した工夫はあり得ることです。集中力をなくして衝動をおさえられなくなり、先生から怒られることが続けば、結果として自尊感情の低下につながる懸念もあるからです。

担任とお子さんとの話し合いでルールを決めて（そのルールを保護者も知って）、試してもらうことは悪くないでしょう。「何時になったら（○分経ったら）戻ってくる」という約束や、行く場所を決めておくなど、ルールは安全配慮からも必要になります。

教室内での解決が第一、そしてまわりの子の理解も

けれども、まずは教室の中で、その子に応じた教材準備や声かけを工夫し、また教室でできる気分転換がないのか検討したうえで、ということが大事になると思います。

なおかつ、クラスの子どもたちがどのように理解するかです。お子さんが図書室に行くことを、まわりの子がポジティブに受け止めるかどうかは、日頃の先生の教

育次第です。お子さんに限らず、誰にも苦手なことがあるととらえ、苦手なことには支援や工夫をしていくという担任の姿勢が見られるでしょうか。常々、子どもたちの苦手なことをリフレーミングして、見方を変えれば「強みでもあるよね」といった担任の言葉かけがなされていることが重要になると思います。

そうしたことは、担任とだけでなく校長とも話せるとなおいいですよ。お子さんに限らずすべてのお子さんの、自信を育てる学校となるための一助になるはずです。

注意集中の課題、問題となる行動へのアプローチも

お子さんが授業中に集中力が切れる、まわりにちょっかいを出すということの中には、必ず何か、言葉になっていなくとも、それなりの思い・理由があるはずです。そのことを、学校も家庭もできる限り理解して共有し、工夫や支援の対策をとっていくことが重要です。学校と家庭で、どのようなときに集中力が切れるか、どういったときに集中が続いているかなど、情報を共有し、お子さんがより楽しい学校生活を送れるように具体的な対策をあきらめずにとることです。そもそも「集中力が切れる」という状態は素人にもわかることです。なぜそうなるかを分析し、手立てをとるのが先生の仕事です。

学校・家庭だけでは適切な対策にならなければ、言語聴覚士、作業療法士、臨床心理士などが参加したケース会議を、教育委員会に要望することをお勧めします。

コラム

法律や公的文書を味方に

学校も行政も、とかく「それは親御さんの考えでしょう」「親御さんの気持ちはわかりますが」という表現で、自分たちが「やらない・できない」理由を保護者側にもっていきがちです。そこで、「私の考えではなく、法律に○○○○と書いてあるから要望しています」と、法律や指針等の根拠を示して交渉することが重要です。私自身議員としても、迷ったら憲法・法律等に立ち戻り、どうなのかと確認・検討しています。

たとえば、文部科学省の「特別支援教育の在り方に関する特別委員会報告」等の文書には、「スクールカウンセラー、スクールソーシャルワーカー、ST（言語聴覚士）、OT（作業療法士）、PT（理学療法士）等の専門家の活用を図ることにより、障害のある子どもへの支援を充実させることが必要である」と明記されています。こうしたことを根拠に、手立ての充実を要望していくことです。それはまた、法の理念を具体的に育てていく社会参加にもなります。

先輩、相談です。

就学してから

中1 女子

LD

通常学級に在籍

27 担任が替わると、適切な指導の継続は難しいの?

中学1年生で通常学級で学んでいます。子どもに合った適切な合理的配慮がされていて感謝しているのですが、校長先生から「教員は必ず異動しますので、この配慮が続くと思わないでください」とちくちく言われるのです。継続は難しいと覚悟しておかないといけないのですか。

支援や配慮の継続は重要なこと

校長は、指導を継続していくべきだということをまだ理解されていないのでしょうね。支援や配慮の継続の重要性は、文部科学省も再三再四、示しています。また、人が替わることで子どもへの支援や配慮が後退することがないように作成されるものが個別指導計画であり、改訂後の「中学校学習指導要領」には「障害のある生徒一人一人について、指導の目標や内容、配慮事項などを示した計画(個別の指導計画)を作成し、教職員の共通理解の下にきめ細かな指導を行う」と記されています。校長はその辺の理解が乏しいのかもしれません。

わかりやすい個別指導計画の作成を求める

校長先生には、担任の先生が異動して、ほかの先生が担任することになっても、指導や支援・配慮が継続できるように、誰が読んでも理解できる「わかりやすい個別指導計画」を作成していってください、と伝えることが大切です。

仮に校長先生の返事が「難しいですね」だったとしたら、「学校内で難しいようであれば、教育委員会にご相談をいただき、これまでの指導が確実に引き継げる個別指導計画の作成をお願いします」と言い切ってしまうことも必要です。

なぜなら、学習指導要領には障害のある児童生徒への指導について、個々の児童生徒の障害の状態等に応じた「指導内容や指導方法の工夫を計画的、組織的に行う」と明記されています。計画的かつ組織的に指導が行われている証《あか》しは、個別指導計画の有無であるといっても過言ではないからです。

あきらめたら、その瞬間に継続は困難になってしまう

継続は難しいと保護者が断念した瞬間に、継続は本当に難しくなってしまいます。継続はすべきことであり、無理難題を学校に突き付けているのではありません。「学校がやらなくてはならないこと」だという理解・姿勢を保護者自身もしっかりともっていくことです。同じ学校内だけでなく、たとえば、保育園・幼稚園での合理的配慮は小学校へ、小学校のは中学校へ、中学校のは高校へ、高校からはその後

の進路先へと適時、よりよい支援や配慮にしながら引き継がれることを国も求めているのですから。保護者のわがままではけっしてありません。

先生によっては「ようすをみてからでないと…」

進学や進級で、保護者が怒りすら感じることの一つが、「お子さんの状態がわからないので、まずはようすをみさせてください」という一言です。

わが子は生まれたての赤ちゃんではないので、ここまで育ってきた時間がありま す。当然、好きなことやできることはどんなことがあり、その折々でどのような目標をもち、支援・配慮がなされてきたか、どんな支援・配慮が有効で課題を達成して、無効であったときにはどう見直してきたか、「ようすをみてからでないと」と語る担任に会うまでに、長い歴史を経てきています。

それらが何もなかったかのように、知ることもなく、「ようすをみてからでないと」と言い放つのは、国が掲げる「一貫した支援」とはほど遠い言動です。

まずは前担任による個別指導計画をもとに

直接ようすをみてからというのではなく、その子をいちばん知り得ている前担任が作成した1学期の個別指導計画に基づき、まずは指導を継続するのが正しいのです。そのうえで、目標や支援、配慮の見直しが必要とみなすのであれば、「個別指導計画の修正を検討したい」と保護者に面談を提案すればいいだけです。

そうでなければ、何の計画もなく一年が始まってしまうことになります。18でも述べましたが、始業式から指導が始まるのに、計画のない「行き当たりばったり」の指導は、子どもを惑わすだけです。保護者も、目前に具体的な個別指導計画があることで、新しい担任が何を見直したいのか、同じ風景を見て話ができます。

3学期には、次年度の1学期の個別指導計画を現担任と作成し、担任が替わっても引き継ぐよう要望するのも大切です。

先生にとっても…

先生のなかには「個別指導計画を作る意味がわからない」「文章にすると保護者からクレームが増える」と訴えてやりたがらない人もいます。でも、教師という職業を選んだ以上、特別な支援・配慮を要する子どもが目の前にいるのであれば、「やりたいかやりたくないか」ではなく、やらなくてはならない仕事です。

さらに、個別指導計画は、担任がどのように子どもを思い、日頃から指導、支援・配慮をしているのか、具体的に先生自身をアピールするチャンスにもなるものです。何をしているか、しようとしているか、わからないから、不信をもつのであって、具体的になれば、その内容について双方で話をすればいいだけです。

先生の負担を増やすのではといったことを心配せずに、要望していきましょう。

先輩、相談です。

就学してから

小4 女子

ASD

通常学級に在籍

28 「学校へ行きたくない」と言いますが、担任は気にかけていません

担任は、娘が何かと手間取るのにいらだち、「早くしなさい」「なんでちゃんとできないの」と言い、「注意してあげて」とまわりの子に言うので、たびたび注意されるようです。「学校へ行きたくない」と言うようになりました。相談すると「学校ではニコニコして、注意してもケロッとしていますよ」と気にかけていません。

支援や配慮のない指導

障害があるということは、苦手なことやできないことに支援を必要とする状態です。何をするにもまわりの子どもよりも時間がかかることは往々にしてあります。仮に担任が、できるかぎり同じ時間でできるようにするのがいいという指導方針をもっているのであれば、そのための具体的な支援・配慮が不可欠です。

お子さんに向けた「早くしなさい」「なんでちゃんとできないの」という声かけは、支援や配慮とはいえないでしょう。むしろ、その子の「二次障害」を生み出しかねないし、苦手なことやできないことに、支援なしに「やりなさい」と迫ってい

く指導は、いじめをすら連想させます。

表現できない子どもの思いに寄り添うべき

子どもが自分の思っていることを周囲に伝えるのは、なかなか難しいものです。大人でも、相手の意に反するだろうと察する内容となると、言葉にするのを躊躇《ちゅうちょ》した経験をもつ人は多いかと思います。また、自分の内心を気づかれたくないために笑顔でやり過ごす、そういったことも、大人も子どもも同じにあります。

そうしたことをふまえ、教員は子どもの心に丁寧に寄り添い、言葉にならない言葉を受け止めているか、常に指導の省察を行ってほしいものです。子どもは大人を小さくした存在ではなく、大人が寄り添うべき存在です。

「話しなさい」「できるだろう」ではなく、子どもがやれるようにできるように、話したくなるように、大人がどのように工夫をするか……。大人が問われるのだと思います。まして、先生はそれが仕事です。

不登校になる前に…

「学校へ行きたくない」と言葉にして伝えてくれている、うれしいことですね。まずは、その伝えてくれたことをよしとすることから始めてはどうでしょう。「行きたくないの？」と聞き返し、「行きたくない」気持ちに沿って家庭でリラックス

できる休める場を提供することが大事です。

さらに大切なことは、不登校にしないという結果をめざすのではなく、子どもの気持ちをわかろうとする、「親はいつでもあなたの味方」という姿勢を示すことだと思います。

国も重点課題として取り組んでいる

不登校は国の重点課題でもあります。文部科学省は、２０１６（平成28）年に示した「不登校児童生徒への支援に関する最終報告」（不登校に関する調査研究協力者会議）で、以下のように記しています。

「学校においては、校長のリーダーシップの下、学校全体で組織として対応できる充実した体制を築くことが必要である。また、心理や福祉の専門家、教育支援センター、医療機関、児童相談所など学校外の専門機関等との『横』の連携を進めるとともに、子供の成長過程を見つつ継続的に一貫した支援を行う視点から、小学校、中学校、高等学校、高等専門学校及び高等専修学校等の『縦』の連携も重要である」（はじめに）

誰にでも起こり得るものとしてとらえる

そしてまた、不登校は「取り巻く環境によっては、どの児童生徒にも起こり得ることとして捉える必要がある」（第1章3　不登校の定義及び認識）と指摘しています。

「わが子がまさか不登校に」ではなく、不登校は誰にでもあり得るということを知っておくという、保護者のゆとりは大事なことだと思います。

担任以外の先生とも相談、そして校長、教育委員会へ

一度、教頭や養護教諭など、担任以外の先生に相談をしてみてはいかがでしょうか。お子さんが不登校にならないように、登校を渋る要因を担任のみならず広い視点でアセスメントして、その要因の解消に努めてもらえるよう、要望することをお勧めします。

適切な支援が受けられていない状況は、お子さんが自信を失うことにもつながりますので、もし、相談をしても具体的な支援にいたらないときには、校長に相談したうえで、教育委員会に話をもっていくことが重要です。「教育委員会まで行くと子どもに不利益が生じるのではないか」とためらう人が少なくありません。が、担任・校長と相談しても解決しないことは、すみやかに教育委員会へ相談することが、むしろお子さんを守っていくことになります。

先輩、相談です。

悩ましい問題

先輩、相談です。

悩ましい問題

小6　女子

知的障害

特別支援学校に在籍

29 子どもと過ごす時間は長いほどいいの？

特別支援学校の全体保護者会で校長先生から「土日も放課後等デイサービスなどに預けて一緒に過ごす時間がわずかだと、親の愛情が伝わりきれない」「子どもと過ごす時間をもつ努力は大切」との話がありました。仕事をしてはいませんが、平日と土曜日は預けています。子どもとの時間をもっともつべきなのでしょうか。

家庭以外に居場所があるのは望ましいこと

障害のある子は、人的な支援が必要であることから、世話のできる家族と過ごす時間が多くなりがちです。それだけに、親をはじめ家族は日々かなりのエネルギーを費やしています。家庭では、親がついつい怒りがちになってしまうことも少なくありません。外出をするにも、障害のある子を連れて出るのはけっして楽ではなく、落ち込むこともままあるのが、障害のある子を育てる家庭の日常だとさえ私は思っています。

お子さんが家庭以外で過ごせる自分なりの居場所がもてているのであれば、そう

いう居場所をありがたく利用していいと、私は思いますよ。

大切なことは、放課後等デイサービスなどを利用して過ごすときに、その子の居場所がちゃんとあって、そこで大切にされているか、楽しく過ごせているか、だと思うのです。

一緒にいる時間の長さではなく、どう過ごすかが大切

放課後等デイサービスなどを利用することで、家庭で過ごす時間が少なくなるといっても、食事をともにしたり、一緒にお風呂に入ったり、テレビを見たり……日々の暮らしには、さまざまに共有できる時間があります。

かつて、お茶の水女子大学名誉教授・津守眞《つもりまこと》さんから「お子さんとは目と目を見合わせ一日、3分、しっかりと子どもの言葉に耳を傾ければいいですよ」との話を聞いたことがあります。ともに過ごす時間数ではなく、大切なのは一緒にいるときの過ごし方なのではないでしょうか。

親以外の人とつながる力を育むために

障害のない子どもであれば、小学校高学年になれば自分で友だちと約束をしたり、習い事や塾へ出かけていたり、中学生になれば部活動などで帰りも遅くなり、土日もいないことなどまれではありません。それがノーマルではないでしょうか。でも、

「障害のある子」と冠がつくと急に、どこか、親と一緒に過ごすのがベストであり、ともにいないと愛着関係が育たないかのように思われがちなところがあります。そもそも、その考え方に私は違和感をもちます。

親の愛情を伝えるチャンスは家庭の中にいくらでもあります、むしろ、大切なことは、家庭と学校という環境だけでなく、ほかの場所で信頼できる大人や仲間に出会い、順番からいって先に逝く親がいなくなったあとにも、誰かとつながっていけば生きていかれる自信を育むことだと思います。

子どもは社会で育てるもの

子どもが育つ家庭はさまざまです。親が抑うつ的な状況になることも、障害のある子を育てるうえではよくあります。その子以外に子どもがいればその子育ても当然しているし、介護と子育てのダブルケアもまれではありません。子育ての考え方や価値観の違いから夫婦関係がうまくいっていないこともあるし、ひとり親になる率は一般よりも高いといわれています。

どんな家庭に育つ子どもであっても、学校が暮らしの中心。それだけに、学校に行けばどの子も「楽しい」と思えるように保障できる学校であってこそ、社会で子どもを育てるといえるのではないでしょうか。

校長先生には、できれば「子どもが学校以外で過ごす居場所が、その子にとってより楽しい時間になるように、放課後等デイサービス等ともしっかり連携をしていきたいと思います」「家庭それぞれお子さんと過ごす時間は違うと思いますが、ともに過ごすときには、お子さんに『愛している』と言葉でもしっかりと伝えてあげてください」と語ってほしいな～と思います。

先輩、相談です。

悩ましい問題

小2	男子
ADHD	
通常の学級に在籍	

30 放課後等デイサービスに預けたくても、数が足りないし、我慢すべき？

正直、子どもと向き合うときにしんどさがあります。先生たちに相談すると「放課後等デイサービスなどを活用したら」とアドバイスを受けるのですが、そもそも放課後等デイサービスの数が足りず、障害児家庭で奪い合い、譲り合っているのが実態です。しんどいなんて言わず、我慢すべきなのでしょうね……。

「しんどさ」は気持ちのもちようでは解決しない

「子ども・子育て支援法」のもと、各自治体とも保育園や学童保育、預かりなどの充実に力を入れ拡充させているものの、障害のある子を育てる家庭への子育て支援は「取りこぼしている」といっても過言ではありません。

そうした中で感じる「しんどさ」は、保護者の気持ちのもちようだけで解決する問題ではありません。そうした気持ちをもつことに後ろめたさを感じたとしても、特別なことではなく、誰であっても同じような感情を抱く可能性が高いことを心に留めておいてほしいものです。

また、自分の気持ちに蓋をして、がんばって解決したつもりになっても、そのしわ寄せが子どもの育ちに影響することもあります。

声をあげることの重要性

行政は、ニーズが積極的にあがってこないことは後回しにしがちで、これまでを維持しつつ、少し前進！　といったことになりがちです。支援の必要があるなら、「声をあげる」「どうしてほしいか伝える」ということが、大変重要です。

「そんなこと言っていいの？」「私の心が弱いだけで、もっと強くなって我慢すればいいのでは？」「うちの子に障害があるからで、産んだ私が責任をとってがんばらなくてはいけないのでは？」と思ってはいませんか。障害のある子を育てる中、多くの親が少なからず抱く思いです。

でもでも、子どものためにこそ、そうした思いは捨ててみませんか。子どもの人権を守る意味でも、考え方を変えていくことは必要です。

障害の有無で差別はできないしくみ…

障害の有無にかかわらず、子どもは国の宝です。ニーズに応じた子育て支援を受ける権利をもっています。障害の有無で子育て支援に格差をつけていいとは、どこにも書かれていません。国は「子どもを生み育てやすい社会の創設」をめざしてい

るのです。一割近くは障害のある子が生まれてくる可能性があることを当然、想定しています。障害のある子を間引いて「子どもを生み育てやすい社会」など考えていません。

もしも、障害のある子やその家庭への支援を除外して、たとえば、「子育てと仕事の両立」を子育て支援計画で掲げながら、障害のある子どもの親は、「子育てと仕事の両立」はあきらめてください、とは、公式には言えません。陰で思っている役人がいたとしても、そんなことを口にしたり、施策で「障害児家庭は自己責任で仕事と子育ての両立をあきらめてください」としたら人権問題に発展し、懲戒の対象になっても不思議ではありません。

声をあげることで制度づくりに貢献も

障害の有無にかかわらず子どもとの時間を否定的にとらえず楽しいと感じるためには、経済的な不安がないこととともに、子どもと離れて過ごし、親自身のために過ごすなどの時間が必要であることを国はわかっているからこそ、預かりなどの支援にも力を入れています。「しんどさ」は、障害のある子を育てる支援がまだまだ足りていないことの結果でもあるといえます。

障害のある子の親のなかには、「しょうがないのよ」「障害のある子を授かった以上は受け入れていかなくては」といった発言をする人もいます。でも、「しょうがない」ということであれば、これから先もまた「子どもを生み育てやすい社会」にはならないことにもつながります。障害のある子を育てていくための支援が不足し、通常の子育て支援とは格差がある状況では、障害のある子を生む可能性が誰にでもあるのに、「子どもを生み育てやすい」社会などできません。

障害児の保護者がそのニーズを伝えることは、わがままでも何でもなく、社会参加であり、社会貢献です。思いを声にすることで、子育て支援が障害のある子を取りこぼさずに設計されていく大きな力になっていきます。

具体的にどう行動したら？

声のあげ方ですが、自治体のホームページを開くと「市長への声」などといった、施政に声を届ける投稿欄があります。そこに要望を投稿しましょう。障害のある子を育てる中で感じるつらさ、悩み、不安、そして、希望を書くのです。

さらには、市区町村の議員を活用する方法もお勧めです。議員は住民の代表です。住民の声を行政に届けて、住民のニーズに応じた事業を行政にはたらきかけすみやかに実現することが使命としてもあります。議員をもっと活用すべきです。

「何を困っているのか」「どんな事業を増やしてほしいのか」伝えましょう。伝えるのは、親の会としてでもいいですし、個人でもかまいません。伝えた議員がどれほど行動し、実現できたかを、次の選挙の判断材料にもしたらいいのです。

自治体のホームページには議員の連絡先が掲載されています。電話で問い合わせることもできます。

「市長への声」はこんな文面で

自治体の長へ直接訴えるとしたら、たとえば次のような文章にします。

市長　〇〇様

日頃より子育て支援にご尽力いただき、心強く思っています。ありがとうございます。

さて、本日はそうした市長だからこそ、ご相談したいことがあります。

わが家には障害のある子どもがいます。子どもは放課後や長期休暇など家にこもりがちで外に出かけることが少なく、親と過ごす時間が多い状況です。

学校の先生からは放課後等デイサービスの利用を勧められているのですが、事業所の数が足りず思うように活用できません。

安全に、なおかつ子ども自身が安心して過ごせる放課後等デイサービスを市内に増設できるように、公的施設、公有地の活用も含めて、ご検討いただきたいのです。

また、現状の放課後等デイサービスでより子どもたちが心地よく過ごせるためには、個々に応じた支援・配慮の充実が必須です。学校に対しては、在籍する子どもが通う放課後等デイサービス事業所と連携を図って、子どもの放課後が充実するように力を貸して頂けるように周知していただきたいことも、重ねてお願いします。

障害のある子とその家庭も取りこぼさない、すべての子育て支援の実践を心から念じております。

前向きな回答を頂けることを楽しみに待っております。どうかよろしくお願いいたします。

先輩、相談です。

悩ましい問題

小6　男子

アスペルガータイプASD

特別支援学級に在籍

31 法律で決められているはずなのに、そうなっていません…

特別支援学級が3クラスあって、子どもが19人いるのですが、朝の会も給食も帰りの会も、1年生から6年生まで合同で行われています。なぜなのか先生に尋ねてみたところ、大きな集団で動けることを学ぶためだそうです。でも、法律では1クラス8人となっていて、だからこそ選んだのに、なんとかならないでしょうか。

通常学級ではこうしたことは起こらない…

1クラス8人と決められているのに、19人の子どもが1クラスに集められての指導が日常的に行われているとのこと、疑問をもたれて当然です。

通常の学級では、1学年に3クラスある場合に、朝の会や給食等を常に一緒に行うということはまずありません。それは、1クラス40人学級という法律の定めがあるからで、そのようなことを行えば、問題になります。

なぜ、特別支援学級ではそうしたことが日常的に行われているのか……。先生の人員配置が、子どもの個々に対応するために足りないという実情も背景にはありま

す。が、1クラス8人を指導するのに、人員的に足りないのであれば、教育委員会として先生を補充すべきことです。できないから、8人という定員を崩していいということではありません。しっかりと遵守すべきです。

担任がいう理由をもって校長と面談を

大きな集団を体験させたいというのも、それは、通常学級に積極的に交流に出るようにすればできる体験です。あえて、障害のある子どもたちを集めた大きな集団を体験させる必要はないのです。つまり、集団を体験させるというのは、言い訳にすぎません。特別支援学級は、少人数で個々に応じた指導をするということが第一義のものです。

では、決められたとおりに8人学級での学級経営をしてもらうにはどうしたらいいか……。担任の先生にはすでに尋ねてみたとのことですから、その理由をもって、校長に面談を要望することをお勧めします。

「障害者基本法」では、可能な限り交流を積極的に進めるよう規定しています（第16条第1項）。そこで、「大きな集団を体験させる意味なら通常学級との交流で実現できますが、日常的に、法律で定められた8人ではなく3クラス合同で活動していいものなのでしょうか」と訊いてみてください。

法律を理解していれば、改善されていくはずです。しかし、法律をしっかりとわ

かっている校長ばかりではないので、「問題はありません」と突っぱねられることもあり得ます。そういう場合どうするか、です。

校長の回答をもって教育委員会に

校長の回答をもって、教育委員会に行くのがベストです。

よく、教育委員会まで行くほどのことなのか、そんなところまで行って大事《おおごと》にすると、子どもがいじめられたりいやがらせを受けたりするのでないか、との心配を耳にします。でも、心配は無用です。むしろ、今回の件だけでなく、問題が生じたときには、まずは担任と話をする、そして疑問が残ったら校長と話す、そこで納得がいかず解決にいたらなければ、すみやかに教育委員会に話をする、というようにしてください。

なぜ心配する必要がないかというと、教育委員会に話が行くことで、校長も含め先生たちの人事評価に結びつくからです。それまでよりも丁寧に事を考えるようになるでしょう。それ以上教育委員会に話をもっていかれることがないように、つまりは人事評価でマイナスになったりしないように、子どもに対して不適切なかかわりはせずにいようと心がけることから、心配なことは起きません。

むしろ、学校内で、特に担任とだけやりとりをしていると、担任がストレスをためて子どもに八つ当たりをするといったことも起こらないではありません。そうしたことに歯止めをかけるためにも、事を担任だけでなく校長に、校長だけでなく教育委員会に、伝えておくことが大切です。

教育委員会が動かなければ、議員へ、首長へ

教育委員会であれば、法律を遵守していない学級経営に対してそのまま放置はできません。ぜひ、声をあげてください。また、自分が感じた疑問は、さまざまなことを見直していくチャンスになります。これまでは通ったことでも、時代の流れ、法整備などの変遷で学校現場でも変えていかなくてはいけないことは多々あります。変えることを嫌う・あるいは恐れる先生たちもいる中、法律などの根拠をもって話をすれば納得が得られ、また、内心では変えるべきと思っている先生たちの後押しにもなります。まして、すべての子どもたちにとってもいいことです。

なお、教育委員会が適切に改善をしない、人員が足りていないのに加配をせずに放置するといった場合には、議員に訴える方法があります。ぜひ自治体の議員に問題を伝えてください。議員は、自治体に住むすべての人の福祉の向上のために活動をするのが仕事です。法律で定められていることが守られない原因が人員配置のあり方にあるのであれば、議会で加配をすることを要望してもらうことができます。

あるいは、自治体の長に訴える方法もあります。具体的な方法については30を参照してください。

先輩、相談です。

悩ましい問題

高1　男子

知的障害

特別支援学校に在籍

32 障害のある子・ない子、きょうだいそれぞれのしつけって？

長男は言葉をほとんどもたず重度の知的障害です。将来は福祉作業所で過ごしながら障害年金をもらい、親がいるうちは一緒に暮らすと思います。社会性を身につけさせるためにしつけをどう考えたらいいでしょう。障害のない中2の次男がおり、こちらはやがて自力で生きていくことを考えると、つい厳しくしつけてしまいます。

どのようにしつければいいのか、悩みは尽きない

子どもが周囲からいい評価を受けるときには「家庭のしつけがよかったのだ」と賞賛され、同じ子どもであっても何か不適切なことが出てくれば、「どんなしつけをしていたんだ」とのそしりを受けやすいものです。つまり、「どのようにしつけていけばいいのか」といっても、答えはないのかもしれません。

また、「しつけ」という言葉は実に曖昧なもので、子どもが苦しい状況にあるように見受けられても、その家庭での「しつけだ」と説明をされると、他者が介在するときにハードルを上げてしまう側面が出てくると常々感じています。しつけって、

本当に何なのでしょうね。私自身も悩みました。

家庭での日常生活の積み重ねによるもの

かつて「しつけとは特別にするものではなく、日常生活の積み重ねの先にあるものですよ」と教えてもらったことがあります。親自身の立ち居ふるまいや生き方を子どもは見ていて、しつけというのは、各家庭で継承されていく文化だということです。また、厳しく言われても、納得できるものでなければ結果的に身につかず、いずれはぼろが出るとも。身近な親自身からにじみ出る生き方や、人とのつきあい方、マナーを子どもは学び取っていくものなので、子どもに伝えたいものがあるなら、そのように、親自身が背中を見せていけばいいのだとも聞きました。

だとすると、親自身が大切に子どもに伝えたいこと、必要だと思うことは親自身が実践していくことではないかと思うのです。

土台となるのはその子自身の人生を大切にする思い

ただ、どんなしつけがなされ、それが社会の中で生きていくうえで子どもの人生を支えるものであり得るとしても、そうしたことを自分の人生に生かしていきたいとの思いを育むことが大事だと思います。つまり、人とかかわることの心地よさを味わい、投げやりになることなく、自分の人生を大切にしていこうとする思いが、

子ども自身に育っていなければ、無意味になるのではないでしょうか。

大切なことは、子ども自身がそうした思いを抱けるように支援していくこと。人から思いや行動を理解されたり、自分の今の力でも信じ認めて、応援してもらえたりする体験を積み重ね、自分への自信と、他者への信頼をもつという、生きていくうえでの土台をつくることではないでしょうか。

きょうだいに伝えておきたいメッセージ

障害のある子に比較して障害のない子には厳しいという声を、当事者のきょうだいから聞くことが確かにあります。でも、それは障害の有無によってできることに違いがあるので、求めるレベルがそれぞれであっても不思議ではなく、そのことで「厳しい」といわれるのは大きな問題ではないと思います。

大事なことは、「障害のある子の分まで、障害のないあなたはがんばって」と、いい子である期待でがんじがらめにしないこと、「障害のあるきょうだいのことはよろしくね」と縛りつけないことです。そして、生まれてきてよかったと思えるように、「あなたがやりたいことを応援している」ということを伝えていくのが大切だと思います。

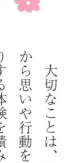

コラム

家族おのおのが自身の人生を楽しめるよう

障害のある子を育てる中で心がけてきたことがあります。それは、家族だけで子育てをしないということ。家族おのおのが人生を大切に、やりたいことができるように、さまざまな制度や社会資源を利用して子育てをしています。その中で不安や不都合があれば、利用をやめるのではなく、改善を提案・相談して、安心して楽しく過ごせるように努めてきました。

理由の一つは、親は先に逝くということ。社会に、障害に応じた手立てを知った人が増えてこそ、安心して逝けます。

さらに、きょうだいが、障害のあるきょうだいがいることをマイナスに感じずに育ち、親亡きあとに、自分の人生を犠牲にしてきょうだいとかかわらないといけないとの不安をもたないでほしいと願ったことです。きょうだいとの縁を強みに、自分の人生を大切に、楽しんで生きられることを実感してもらいたいのです。かつ、障害のある子には、地域社会の中で多くの人とつながって楽しく生きてほしいからです。

先輩、相談です。

悩ましい問題

3歳　男子

ASD

児童発達支援事業所に在籍

33 「集団保育が可能」って何？ うちの子は社会に出てはいけない子？

子どもを預けたいと思っても、いずこにも「集団保育が可能な児童」という条件があって申し込まずあきらめてしまいます。子どもは知的障害を伴うASDで集団行動が苦手です。断られるのがこわいし、社会に拒否されているような思いもします。障害のある子は保育園や一般の一時預かりは利用できないというのでしょうか。

行政機関や事業者は保護者の思いに気づかない

「集団保育が可能」という条件が、どれほど保護者を傷つけていることか、行政機関や事業者が気づいていないのです。

「集団保育が可能な児童」という条件から外れる「集団保育が可能でない児童」というのはどのような子どもなのでしょうか。集団保育というのは、ある一定の目標や規律に従い行動がとれるお子さんを想定しています。

自治体のおおかたが「集団保育が可能でない」とするのは、医療的ケアが必要で看護師が配置されていないと安全な預かりができない、自傷や他害があり人手がと

られる、多動で目が離せず危険を察知できないためかかりきりになる必要がある、といったケースの子どもです。要は、保育士1人に○人の子どもといったように想定している中では収まらずに、1人の子どもに対して1人の保育士といった、一対一の対応で安全を確保する必要がある子どもを「集団保育が可能でない子」としています。つまりは、ほとんどは、障害がある子どものことであり、人手の問題を子どもの問題にすり替えて、集団保育が可能な子かどうかという言い方で除外し、人手に予算をかけないようにしているだけにすぎません。

障害を理由に断ることはできないのがたてまえ

しかし、「障害者差別解消法（障害を理由とする差別の解消の推進に関する法律）」は、障害を理由にサービスの提供等を断ることを禁じています。ですから、本来、「集団保育が可能」といった条件をつけて、一対一での保育等を必要とする子ども（障害のある子）は断るといったことは、「障害者差別解消法」に抵触すると思っています。

課題は、集団行動が苦手なお子さんにあるのではなく、すべての子どもを預かれる準備を怠っている行政側にあります。そうした怠りを隠すために、「集団行動が可能」といった条件をつけて、予防線を張っているだけのことなので、本来であれば「集団保育が可能」という条件は削除すべきものです。

国も自治体も「共生社会の実現」をめざしている

国も含め、お住まいの自治体も、当然、共生社会の実現を目標に掲げているはずです。どのような障害があっても、誰もが、生き生きとその人らしく、安心して暮らせる社会がめざされているのです。当然、お子さんについて「社会に出てはいけない子」といったことを考えることはありません。

まして、各自治体が掲げる子育て支援は、障害の有無で子どもも家庭も分けてはいません。すべての子どもとその家庭に届けるサービスであり、障害があるということでサービスを提供しないということは、「障害者差別解消法」でも禁じられていることで、問題はお子さんにあるのではなく、自治体の側にあります。

保護者としての不安、悩みを声に。それが社会参加

ですが、まだまだ、障害のある人を知らない人が多く、知らないことで差別意識を抱く人もいるのも事実だけに、ご心配はよくわかります。順番からいえば先に亡くなる親が、子どもを安心して残していくためにも、まずは自治体に、尋ねてみてはいかがでしょうか。「『障害者差別解消法』ができたので、まさか断られないとは思うのですが」と前置きをして、尋ねるといいのです。

そして、自治体に対して、障害の有無にかかわらず、誰も排除しない子育て支援を行ってほしいと、要望の声をあげてみませんか。親の会などがあれば、そこを通

して伝えていくのも一つの手です。親御さん自身の不安、悩みを声にしていくことは、社会を変えていく社会参加そのものです。

コラム

「集団保育が可能」という条件を削除した自治体

文京区では、「障害者差別解消法（障害を理由とする差別の解消の推進に関する法律）」を機に、子育て支援に関するサービスすべてについて「集団保育が可能」という条件を削除しています。保育園であれば、以下のような文章になっています。他の自治体も本来であれば変えていかなくてはいけないはずです。

特別な配慮を要するお子さんの保育について

心身の発達に遅れがあるなどの理由により、保育にあたっての特別な配慮が必要であり、かつ保護者の就労等により保育を必要とする乳幼児を区立保育園等で保育することにより、児童の健やかな発達を促進し、児童福祉の向上を図ります。

先輩、相談です。

悩ましい問題

小5　男子

アスペルガータイプASD

通常学級に在籍

34 先生も校長も力不足。訴えたいけどモンスターペアレント扱いはいや…

校長はまったく指導力がありません。一方的で意味不明の授業をする先生について、親たちで「指導を」と要望したのですが、改善されないまま学級崩壊状態です。しかも校長自ら「あの子のせいで」「育て方の問題」といった発言をする始末。教育委員会に訴えたいのですが、モンスターペアレント扱いをされないか心配です。

わかりやすい授業は先生の責務

ぜひ、教育委員会に相談に行ってください。授業は、子どもたちの今を大きく左右する、大事な時間です。そして、この大事な授業については、当然、保護者が声をあげるべきことです。

先生は子どもたちにわかりやすく、学びの楽しさを実感させる責務があります。それができていないのであれば正されなければならず、そうした先生を指導する責任があるのが校長です。文部科学省は校長に「日常の授業観察や教員とのコミュニケーション、教員評価制度の活用により、教員一人一人の指導状況を把握し、必要

な指導、助言を行うこと」（後述のガイドライン）を求めています。

校長との話し合いを経て、教育委員会へ

ただし、教育委員会に相談をすると、おおかた「校長と話をしましたか」と訊かれます。そこで、まずは校長と、今一度、時間をもらって話をしたのちに言っていくことが大事です。

教育委員会へは、電話でもかまいませんが、できれば問題と感じていることを具体的に書き出した文書を提出するとなおいいでしょう。文書の中には、校長と話した内容、それに対する校長の対応なども、はっきり記しておくこともポイントです。

「指導が不適切な教員」の定義をふまえておこう

指導力に疑問のある教員に対して何らかの対策をすべきことは、文部科学省はもとより、各地の教育委員会も認識していることです。実際、その措置が各自治体（都道府県と指定都市）でどのようにとられているか、指導が不適切と認定された教員の数やその研修実態等の調査も行われているほどです。

文部科学省が２００８（平成20）年に示した「指導が不適切な教員に対する人事管理システムのガイドライン」によると、「指導が不適切である」教諭等とは、「知識、技術、指導方法その他教員として求められる資質、能力に課題があるため、日

常的に児童等への指導を行わせることが適当ではない教諭等のうち、研修によって指導の改善が見込まれる者であって、直ちに分限処分等の対象とはならない者をいう」とされ、具体的な姿として次のような例が挙げられています。

①教科に関する専門的知識、技術等が不足しているため、学習指導を適切に行うことができない場合（教える内容に誤りが多かったり、児童等の質問に正確に答え得ることができない等）

②指導方法が不適切であるため、学習指導を適切に行うことができない場合（ほとんど授業内容を板書するだけで、児童等の質問を受け付けない等）

③児童等の心を理解する能力や意欲に欠け、学級経営や生徒指導を適切に行うことができない場合（児童等の意見を全く聞かず、対話もしないなど、児童等とのコミュニケーションをとろうとしない等）

こうした定義をふまえて、訴えることも大事です。

モンスターペアレントとは？

モンスターペアレントというのは、そもそもが何をもっていうのでしょうか。理不尽なことを言ってくる保護者をさして使われますが、本当に理不尽なことというのが、どのようなことなのか、です。

たとえば、経済的にゆとりがあっても給食費の支払いを拒否するといった場合、モンスターペアレントと扱うでしょう。けれど、ただモンスターペアレントと切り捨てれば、子どもに影響が出てきます。どのような家庭に育つ子どもであっても、安心して日々を暮らしていかれるように社会で守る責務があります。

給食費を払わない親がいるとすれば、スクールソーシャルワーカー等と連携して対話をしっかりと重ね、具体的にどのようなことか考えるべきです。保護者をねじ伏せていけば、子どもに学校への不信感をもたせることにもつながりかねません。

耳障りで不都合な「正論」への対応?

一方、相談の親御さんの要望は、先ほどみてきた、指導が不適切な教員の指導の改善を望むものであり、無理難題でも不当な要求でもまったくありません。モンスターペアレント扱いの心配は無用ですが、それでも心配なときは、文部科学省が示しているガイドラインに沿っているか確認してみることもできます。

私自身、これまで多くの相談を受けてきましたが、学校では、教員の不適切な指導が問題であり改善しなくてはならないにもかかわらず、改善に結びつかないときなどに、子どもの問題にすり替えたり、保護者をモンスターペアレントとよびお茶を濁したりといったことが見受けられます。思うに、学校では、自分たちにとって耳障りな、不都合なことを言ってくる親をさしてモンスターペアレントとよぶ傾向があるようです。そもそも気にしないほうがいいと思います。

先輩、相談です。

悩ましい問題

小4 | 女子

ASD

特別支援学級に在籍

35 医療機関や療育機関との連携を望んではいけないの？

うちの子は児童精神科と療育にも通っています。市の教育委員会では、教育・福祉・医療連携による個々のニーズに応じた支援をうたっており、ぜひとも、機関相互に連携してもらいたいのですが、学校に相談すると「直接の連携は無理。親御さんが聞いてきてください」と言われてしまいます。本当にできないのでしょうか。

連携は特別支援教育の重要なポイントのはず

ご苦労お察しします。こちらで聞いた話をあちらに、あちらで聞いたことをこちらにでは、まるで伝書鳩《ばと》のようで、疲れてしまいますね。

特別支援教育の売りの一つは、関係機関との連携です。医療、福祉、労働等の取り組みと連携して、一貫した教育的支援を行うことをめざしています。そのために作成されるのが個別教育支援計画であり、それには子どもにかかわる機関が書き込まれます。子どもを囲む先生、専門家たちが、個々の子どもについてケース会議を開き、情報を伝言ではなく共有して、個々のニーズに応じた支援・配慮を検討し、

個別指導計画に落とし込み実践していくのが特別支援教育のねらいです。

学校が「連携は無理」と言うのは、明らかに理解不足であり、各学校に十分な理解をさせていないという点で教育委員会にも責任がありますね。

教育委員会に確認を求めよう

学校が、お子さんの主治医や療育機関などとの連携を拒むようであれば、一度、教育委員会に確認を求めてはどうでしょう。「自治体がめざす特別支援教育とは、どのようなものですか」と、尋ねてみることをお勧めします。また、「それに対して、学校ではこう言っていますが、どうなのでしょうか」と。当然、親御さんが求めていることは「するべきこと」と回答をするはずです。「それが理想ですが」と答えを濁すこともあるかもですが、毅然と尋ねてみてください「理想はやらなくてもいいことですか」と。さすがに、もちろん努力すべきことだと応じるはずです。

お子さんのケース会議に療育機関の担当者や医師の出席を求め、そうして特別支援教育がめざす理想を実現していくのが、学校の仕事でもあります。

そして校長に要望していく

教育委員会に確認をしたら、校長にその旨を伝え、以後の連携を要望しましょう。医師や療育機関の連絡先を担当者名も併せて伝え、お願いをしてみてください。同

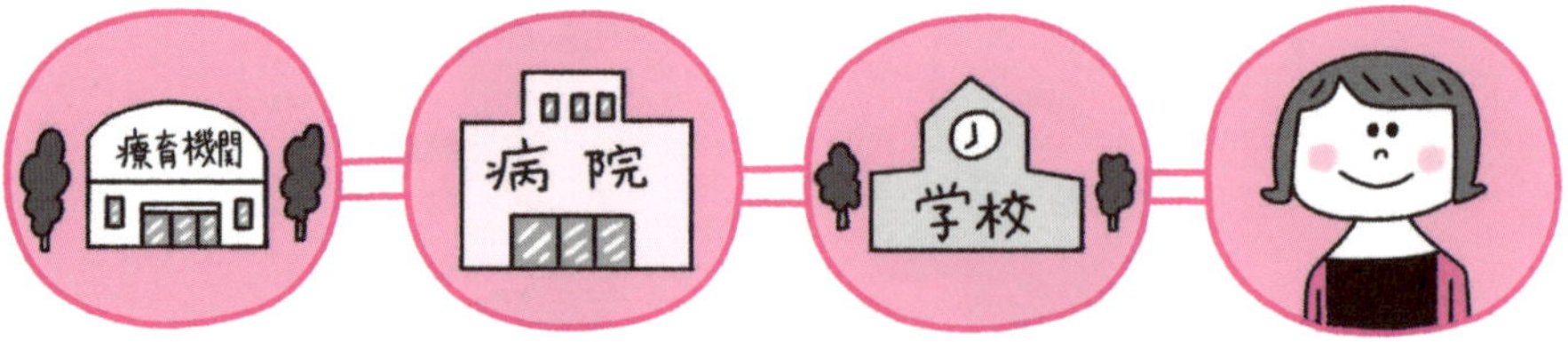

時に相手方の機関にも、学校にそういう要望をしたこと、連絡が入るかもしれないので連携をとってほしいことなどを、伝えることも忘れずに。

連携のあり方について国の考え方をみてみると、たとえば放課後等デイサービスが創設された折に、厚生労働省・文部科学省から各自治体、教育委員会に示された文書では、その重要性が明記されています（下表）。また、厚生労働省による「放課後等デイサービスガイドライン」では、設置者・管理者、児童発達支援管理責任者、従業者それぞれに、学校との連携のあり方が具体的に示されています（設置者・管理者についてを左ページに）。

要望していくことで将来にもつながる

特別支援教育で掲げられている理念が、具体的にわが子に届けられないことのむなしさを経験する保護者は多いものです。声をあげ、教育と医療、福祉、労働等との連携を要望していくことは、今のわが子のためだけでなく、将来の子どもたちのより楽しい時間につながります。

［放課後等デイサービスにおける特別支援学校等と事業所、保護者の連携の重要性］

（2012〈平成 24〉年「児童福祉法等の改正による教育と連携の一層の推進について」 2 障害児支援の強化について ⑶放課後等デイサービスの創設）

放課後等デイサービスの利用は、学校教育との時間的な連続性があることから、特別支援学校等における教育課程と放課後等デイサービス事業所における支援内容との一貫性を確保するとともにそれぞれの役割分担が重要です。個々の障害児のニーズを踏まえた放課後等の過ごし方について、特別支援学校等と放課後等デイサービス事業所、保護者等との間で十分に協議するなど必要な連携を図るようお願いします。

ちょっと億《おっ》劫《くう》さもあるとは思いますが、どうぞ声をあげてみてください。

［放課後等デイサービス事業者と学校との連携のあり方］

（厚生労働省「放課後等デイサービスガイドライン」２設置者・管理者向けガイドライン　(1)子どものニーズに応じた適切な支援の提供と支援の質の向上　④関係機関・団体や保護者との連携　イ学校との連携）

- 子どもに必要な支援を行う上で、学校との役割分担を明確にし、連携を積極的に図る必要がある
- 年間計画や行事予定等の交換、子どもの下校時刻の確認、引継ぎの項目等、学校との間で情報を共有しておく必要がある
- 送迎を行う場合には、子どもの安全確保に留意することは当然であるが、特に学校の授業終了後の迎えに当たっては、他の事業所の車両の発着も想定されることから、事故等が発生しないよう細心の注意を払う必要がある。このため、設置者・管理者は、送迎時の対応について学校と事前に調整 しておくことが必要である
- 下校時のトラブルや子どもの病気・事故の際の連絡体制（緊急連絡体制や対応マニュアル等）について、事前に学校と調整し、児童発達支援管理責任者や送迎を担当する従業者に対し徹底しておく必要がある
- 学校との間で相互の役割の理解を深めるため、
  ア）保護者の同意を得た上で、学校に配置されている外部との関係機関・団体との調整の役割を担っている特別支援教育コーディネーター等から 個別の教育支援計画等についての情報提供を受けるとともに、放課後等デイサービス事業所の放課後等デイサービス計画を特別支援教育コーディネーター等へ提供する
  イ）個別の教育支援計画が作成されていない子どもにあっては、保護者の同意を得た上で特別支援教育コーディネーター等とお互いの支援内容等の情報交換の連絡をとれるよう調整しておく
  ウ）学校の行事や授業参観に児童発達支援管理責任者と分担して積極的に参加する等の対応をとることが望ましい

先輩、相談です。

悩ましい問題

4歳 男子

ASD + ADHD

幼稚園に在籍

36 子どもをめぐって夫との溝が深まるばかり。離婚したほうがいいのかも…

夫が「障害のある子が生まれたのはお前のせいだ」と責めます。日々、溝は深まるばかりです。「息子と野球観戦に行くのが夢だったが、じっと座っていないし独り言を言い続けるのでは恥ずかしくて連れ歩けない」と、欠点ばかりあげて嘆く夫を見ていると、子どものためにも離婚したほうがいいのかも、と考え始めました。

思い描いた子どもとの日々を修正するのはつらい作業

自分が障害のある子の親になると想像して結婚した人は少ないと思います。相談のお父さんのように、野球観戦に連れて行くといったごくごく普通の夢を抱き、子どもとの日々を楽しみにしてきた人がほとんどではないでしょうか。そうした子どもとの日々を修正していく作業というのは、たいそうつらいものです。

ある親御さんは、娘にはピアノとバレエを習わせ、発表会を観に行くのが夢だったが、知的障害が重く、そうしたことは無理だとわかったときに、趣味だったピアノコンサートもバレエ鑑賞も行く気が起きなくなったし、ピアノやバレエの教室の

看板を見るのもいやになったと言っていました。

相手の内心を思いやり、健全な判断のために

お父さんも、同じように苦しみ、内心では葛藤を抱えているのではないでしょうか。お母さんも、相談の続きでは「子どものできないことばかりに目が行く夫を否定しながらも、この子に障害がなければもっと楽しく親子で出かけられたのか……と胸によぎる自分も情けなくなってしまいます」と正直に漏らしていましたものね。

離婚をお考えとのこと、そのお気持ちもよくわかります。ただ、人は、健全な判断をするためには、自身の心身の状態が良好であることが必要です。

夫婦の関係を見直し、大人の時間をもつことも大切

睡眠も重要です。障害のある子を育てていると、朝までぐっすり眠ることもままならない日々が続きます。睡眠は十分にとれていますか。

「子どものためにも離婚したほうがいいのかも」と考えているのですね。お子さんのため、というのはさておき、ご夫婦にとってはどうなのでしょうか。お子さんを置いて夫婦で出かけたりはしていますか。結婚前に二人で楽しんだことにはどのようなものがありましたか。今一度、二人で出かけてみてもいいのではないでしょうか。

お子さんを宿泊させることも、自治体に相談すれば可能なはずです。少し、お子さんと離れて自分の時間をしっかりと確保して、夫と向き合い、これからのことを話してみるのもいいかと思います。

お子さんの成長はなかなか思い描いたとおりにはならないにしても、大人は大人の時間をしっかりともって、まずは自分たちが人生を楽しむ。そうしたゆとりをもったうえで、夫婦としてのこれからを考えていっても遅くはないかと思います。

離婚を決断したならば…

事実、障害のある子を授かった家庭の離婚率はとても高いことが知られています。特別支援学校の校長たちは、ひとり親家庭への支援も重要な役割だといっています。

障害のある子どもを育てる場合、障害者手帳があると国や自治体から保護者の所得によって手当が出ます。ひとり親家庭への手当では、障害のある子を育てている場合の加算があります。離婚を決断したのであれば、お子さんには手帳を取得し、手当がどのようにもらえるかの試算をして、生活に見通しをもつことが大事かと思います。また、離婚をしないにしても、手帳取得で得られる手当があるようであれば、申請をして手当をもらい、貯金をしておくのも一案かと思います。

詳しくは、住んでいる自治体に尋ねるとわかります。

子育て支援は、親の人生をも応援するものです。大いに子育て支援を受けて、人生を楽しみ、心身ともにゆとりをもつようにして、これからの人生を考えていってください。

［ひとり親家庭への支援制度］

子育て・生活支援

- 母子・父子自立支援員による相談支援
- ヘルパー派遣、保育所等への優先入所
- 子どもの生活・学習支援事業所等による子どもへの支援
- 母子生活支援施設の機能拡充　など

就業支援

- 母子・父子自立支援プログラムの策定やハローワーク等との連携による就業支援の推進
- 母子家庭等就業・自立支援センター事業の推進
- 能力開発等のための給付金の支給　など

養育費確保支援

- 養育費相談支援センター事業の推進
- 母子家庭等就業・自立支援センター等における養育費相談の推進
- 「養育費の手引き」やリーフレットの配布

経済的支援

- 児童扶養手当の支給
- 母子父子寡婦福祉資金の貸付（就職のための技能習得や児童の修学など 12 種類の福祉資金を貸付）　など

おわりに　――誰でも自分自身を生きたい！――

障害のある子の保護者から「仕事を続けていいものか」とご相談を受けると、私は「絶対に続けたほうがいいと思います」と力を込めて答えます。それは、障害の有無にかかわらず国をあげて「子育てと仕事の両立」を推進しており、障害のある子を育てているからといってあきらめる必要は絶対にないし、そうした希望を実現できるように適切な支援・配慮を実践するのが、自治体に課せられた子育て支援だからです。

さらには、障害のある子の親になるということは、定型的な発達をする子どもを育てる場合以上に、園や学校、行政機関などと、さまざまな場面で話をしなくてはいけないことが多くあります。思い描いた子育ての未来予想図とはかけ離れた、ままならない日々の繰り返しです。そうした現状の中、いつのまにか、「○○ちゃんの親御さん」という見方で見られることが多くなり、自分自身がなくなってしまったかのように感じる人もいます。どこまでいっても、「○○ちゃんの親御さん」「○○さんのパートナー」と見られることに息苦しさを覚えることも、少なからずあります。

一方、障害のある子の親でも、生きる実感を失わず、はつらつと過ごしている人たちもいます。自分がなぜ生まれてきたのか、今を生きているのかを見失いそうになっても、とどまれる人の多くは、「○○の親」ではなく、「私」を見てくれる人たちに囲まれている時間がある人たちのように思います。

先に、仕事を続けたほうがいいと述べましたが、仕事でなくてもいいのです。好きな趣味の世界でもいいし、ボランティアで社会参加をしてもいいし、大切なことは、子どもと切り離した自分の時間をもち、そうした時間の中で、個人として見てもらえる時間をもつことだと思えてなりません。

なぜ、そうしたことを「おわりに」で書いているかというと、障害の有無にかかわらず、自分が親の人生を邪魔する存在であると感じたら、子ども自身が自己肯定感をもつのを阻むことになるからでもあります。

この本を読んでいるあなたご自身も、考えてみていただきたいのです。親が「○○ちゃんの親」とだけ見られる時間の中で、自身の喜びも悲しみもなく、何もかも子ども次第と感じているとしたらどうでしょうか。息苦しくなるのではないでしょうか。子ども自身、生まれてきたことの意義を疑うことになるのではないでしょうか。

もちろん、それは親だけががんばってできることでありません。学校現場も含めた社会の支援・配慮によって成り立っていくことです。だからこそ、子どもの人生のためにも、自身の人生のためにも、声をあげていくことを、あきらめずにいてほしいと願っています。

私自身、まさかまさか、障害のある子の親になるなどと思ったこともない中、発達に遅れのある子を育ててきた親御さんから、「自分の人生をあきらめてはだめよ」「それが、親亡きあとも子どもの人生を安心して託せる社会をつくっていくことなのよ」と教えてもらいました。このことを伝えたいとの想いでこの本を書き進めてきました。まして今は、多様な公的制度が、親の人生もきょうだいも含めた家族の人生も、あきらめる必要はないと応援してくれています。

実際、要望を伝えたりや交渉したりの場面で出会う学校の先生、教育委員会の人たちのなかには、理解を示し改善に向けて動いてくれる人も多くいました。法的な根拠をもとに話をしていくと、それまで身内でくすぶっていたためらいがなくなるようでもありました。自分に引き寄せて考え、目の前の子どもたちに的確な支援・配慮を届けようと思い直し、実践してくれるようになったのです。

子どもは社会で育てるということの意味を、こうした取り組みを通して実感できたことは、定型発達の上の子どもたちを育てる中では味わえない、貴重な体験だったと思っています。

親自身の人生をあきらめずに、一歩でも二歩でも思い描く時間に近づこうとする背中を見せることは、きっと、障害の有無にかかわらず子どもたちの人生への応援歌になるのだと思います。この本が、お子さん、親御さんともに、「生まれてきてよかった」と思える後押しになれば幸いです。

最後に、編集者の小林恵子さんに、心からお礼を申し上げたいと思います。私自身のこれまでの子育て、生き方を省察するチャンスをいただき、執筆にあたっては、読者に伝わるための率直なアドバイスをいただけました。こうした出会いを小林さんとできたのも、これまで、今も、ここからも、子ども、私、家族を支えてくださる多くの人たちがあってのことです。

「なぜなぜ、私のもとに障害のある子が……」と思いつつ始まった子育てですが、こうして支えられ、願う子育てを少しずつ実現し、自分の人生をあきらめずにこれた日々を振り返ると、時代の流れがあって、法整備が進んできた恩恵を実感せずにいられません。

読者の方々にはぜひ、法律などの支えを信じ、希望を持ち続けてほしいと心から願っています。

海津敦子

著者紹介

海津敦子（かいづ　あつこ）

フリージャーナリスト。1961年東京都生まれ。共立女子大学卒業。テレビ朝日社会部・政経部記者、ディレクター等を経て現職。夫の転勤に伴い、熊本県で第一子、第二子、米国ニュージャージー州で第三子を出産。2011年より東京都文京区議会議員。

おもな著書に『発達に遅れのある子の親になる―子どもの「生きる力」を育むために』（日本評論社、2002年）、『発達に遅れのある子の就学相談―いま、親としてできること』（日本評論社、2005年）、『先生、親の目線でお願いします！―保護者の本音を知れば特別支援教育は変わる』（学研教育出版、2012年）などがある。

●公式ブログ　http://a-kaizu.net/blog/
●公式フェイスブック　https://www.facebook.com/atsuko.kaizu.3/

発達障害の子の子育て相談②

就学の問題、学校とのつきあい方

恐れず言おう、それは「正当な要求」です！

2017年7月31日　初版第1刷発行

著　者　海津敦子
発行人　小林豊治
発行所　本の種出版

〒140-0013　東京都品川区南大井3-26-5　3F
電話 03-5753-0195　FAX 03-5753-0190
URL http://www.honnotane.com/

本文デザイン　小林峰子
イラスト　さくま育
DTP　アトリエRIK
印刷　モリモト印刷

ISBN 978-4-907582-07-4
Printed in Japan

発達障害の子の子育て相談シリーズ

A５判・２色刷り・160～184ｐ

第１期

❶ 思いを育てる、自立を助ける
著者：明石洋子

❷ 就学の問題、学校とのつきあい方—恐れず言おう、それは「正当な要求」です！
著者：海津敦子

❸ 学校と家庭で育てる生活スキル
著者：伊藤久美

❹ こだわり、困った好み・癖への対処
著者：白石雅一

❺ 性と生の支援—性の悩みやとまどいに向き合う
編者：伊藤修毅　著者：“人間と性”教育研究協議会　障害児・者サークル

❻ キャリア支援—進学・就労を見据えた子育て、職業生活のサポート
著者：梅永雄二

第２期

❼ 片付け、整理整頓の教え方
著者：白石雅一

以下続々刊行予定